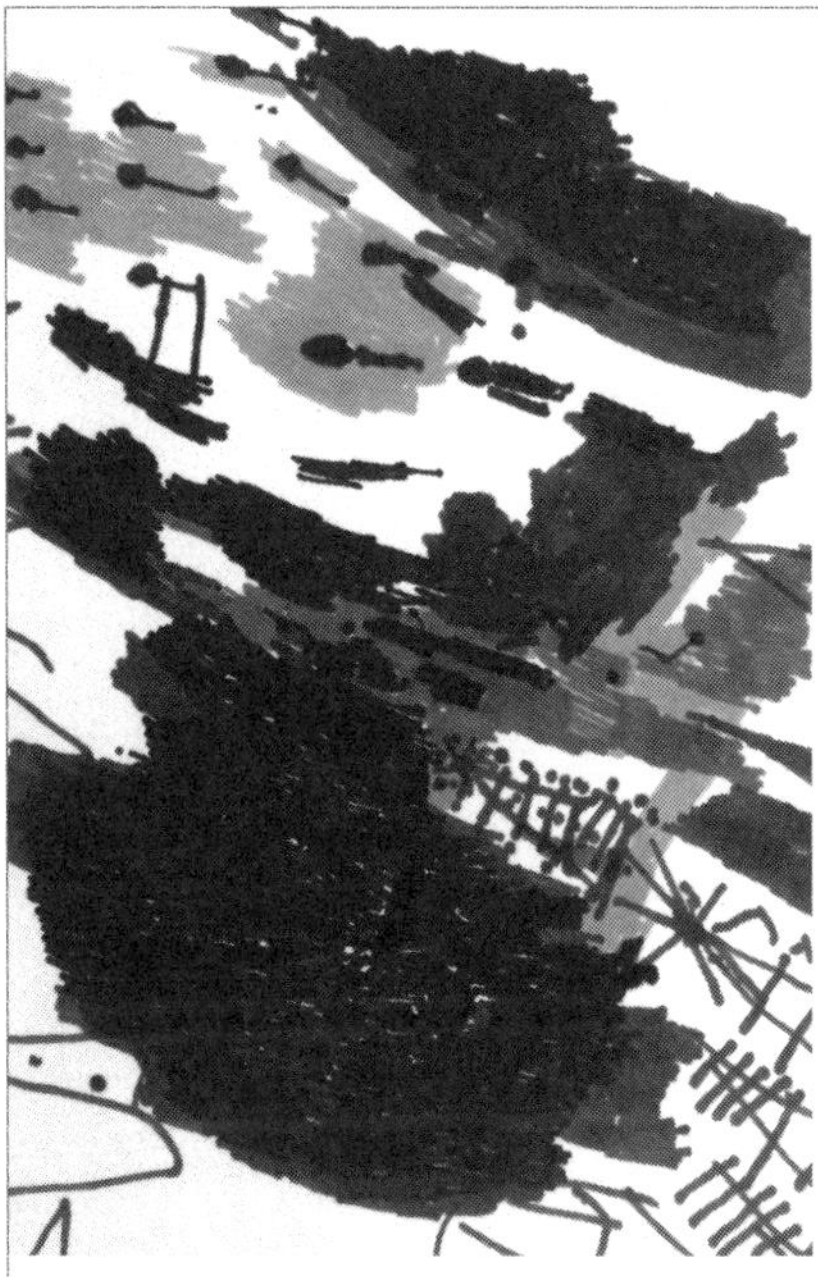

日本外交をどう考えるか

日米安保・歴史問題から沖縄まで

波多野澄雄・宮城大蔵　編著

慶應義塾大学出版会

はじめに

今年は戦後八〇年の節目となる。そして米ソ冷戦の終結からも三〇年以上が経った。冷戦終結直後のアメリカは、力の点でも威信においてもゆるぎない存在となったかに見えたが、トランプ大統領の再登場も相まって、今や急速に一国主義的な傾向を強めている。「今日のウクライナは明日の東アジアだ」といった言説も一部で語られるが、その傍らで急速な少子高齢化や主要国で突出した財政難など、日本自身の足元もおぼつかない。

このような不透明な状況にあって日本外交のあり方をどのように考えればよいのか。歴史的な観点、すなわち外交史に関する知識は、そこでのきわめて重要な手がかりになるはずである。「外交史に関する知識が、今日ほど必要とされている時はない。この知識を基礎とせずして造り上げられたる外交政策と、外交世論は、根のない花である」。これは戦前に活躍したジャーナリスト、清沢洌の手になる一文である。

清沢は太平洋戦争下における日本社会の病理を書き記した『暗黒日記』で知られるが、言論統制によって本来の活動の場である外交評論が封じられる中、日本外交史の研究に没頭した。前述の言葉はその成果である『外交史』の序文の一節である。『外交史』が刊行されたのは一九四一年六月であり、半年後には真珠湾攻撃によって日米開戦となった。

清沢は外交史の知識を欠いた外交は「根のない花である」と言う。根のない花は、一時は耳目を惹くかもしれないが、結局は持続性を欠くその場限りの華やかさに終わる。「根」の重要性は言うまでもない。しかし、いまの外交に直結する戦後、そして冷戦後という現代史は高校教育などでも手薄なものになりがちである。

本書はその重要でありながら手薄な部分について、コンパクトで網羅的な見取り図を提供するために企画された。日米安保（同盟）、国内政治と外交、台頭著しいアジアとの関係や、日本外交にとって難問でありつづける歴史・領土問題、そして戦後日本の興隆を支えた経済外交、日本外交のひずみが集約された感のある沖縄をめぐる問題と、今日の日本の外交とそれを支える政治・経済・社会について改めて考える糸口を提示することを意図した。

それぞれのテーマにおける戦後の軌跡と近年の展開、そして今後の展望について豊富な研究実績を持つ執筆者ができるだけわかりやすく執筆することを心がけた。

本書は執筆メンバーを中心とする戦後外交史研究会の活動の産物でもある。同研究会は戦後の日本外交をテーマとする研究者が自主的に集まり、二〇年以上にわたって運営している。二〇二二年には「日本外交をどう捉えるか――戦後外交史研究の課題と展望」と題してシンポジウムを開催した。その場にも来場した慶應義塾大学出版会の乗みどり氏の発案で本企画が具体化し、こうして刊行に漕ぎつけることができた。本書の生みの親と言っても過言ではない乗氏のご尽力に改めて感謝を申し上げたい。

本書を手に取り、戦後外交史、そして外交史に関心を持つ方が一人でも増えるならば、執筆者一同にとってこれほど嬉しいことはない。第7章では「外交史へのみちしるべ」として、読者が主体的に学びや研究を進めるための手がかりを紹介している。

清沢の言う外交史の知識を欠いた「根のない花」は、外交政策のみならず外交世論にも及んでいる。社会の空気や世論の方向性は、その時々の外交に甚大な影響を及ぼすものである。そこに「根」を提供することを意図した本書の試みが、われわれ外交史研究者によるささやかな社会貢献につながればと願っている。

宮城大蔵

第*1*章　日米安保から日米同盟へ

【安全保障】

楠　綾子

進化する「同盟」

「両首脳は、日米安全保障条約の下での二国間の安全保障・防衛協力が、かつてないほど強固になっていくことへの共通の願望を表明し、日米同盟がインド太平洋地域及びそれを超えた地域の平和、安全及び繁栄の礎であり続けることを強調した」。二〇二五年二月七日、石破茂首相とドナルド・トランプ大統領が発表した共同声明の一節である。多少の表現の相違はあっても、日米両政府が首脳会談や高官レベル協議の場で、地域の、そしてグローバルな安全保障を支える装置としての同盟の役割を強調し、同盟を維持、拡大する意思を国際社会に向けて発信することは、一九九〇年代半ばごろからほぼ慣例となった。

一九九〇年代半ばは、厳しい東西対立がようやく終焉を迎え、国際社会があらたな国際秩序を模索していた時期であった。あらゆる不確実性が支配していたこの時期に、日米両国は、共産主義勢力に対する防御という役割を終えた日米安全保障条約を冷戦後も維持することを選択したのだった。それは以後、日米同盟の深化と拡大への道を開く意味をもった。しかし、同盟は冷戦終結によって突然変異したわけではない。冷戦期を通じて日米間の安全保障協力は変転を重ねた。日米「同盟」という表現自体、共同声明や首脳会談のスピーチなどで使用されるようになったのが一九八〇年代に入るころだったという事実も、日米間の安全保障協力の動的な性格を物語るであろう。

本章は、三つの要素に注目して日米同盟の歴史を概観する。第一に、在日米軍基地の運用である。日米安保条約は、共同防衛義務の存在を核とする点において北大西洋条約やANZUS条約と同様の性格をもつが、日本国内の「施設及び区域」（第六条）が米軍の使用に供されることを合わせて規定している点に大きな特徴がある。日米の安全保障関係は基地の運用をめぐる協力関係として出発し、それは「物と人との協力」（西村 一九九九）と形容された。基地の運用はつねに同盟のありかたを左右する問題であった。

第二に、米軍と自衛隊の協力である。日米間には軍事力に圧倒的な差が存在し、独立後の日本が憲法第九条の制約の下で限定的に自衛力を整備する方針を選んだこともあって、日本の軍事力は日米の安全保障関係のなかでさしたる意味をもたなかった。しかし、時間の経過とともに自衛隊の役割は増大し、これに比例するように米軍と自衛隊との協力は深化と拡大の道を辿ることになる。

第三に、日米同盟と第三国との協力関係である。アメリカは一九五〇年代半ばまでに日本のみならず韓国、フィリピン、オーストラリア・ニュージーランド、中華民国などとの間に安全保障条約ないし相互防衛条約を結び、アメリカを一方の当事者とする二国間または三国間同盟の集積体——ハブ・アンド・スポーク型システムといわれる――が全体としてアジア太平洋地域の西側の安全保障を支えた。日米同盟は冷戦期を通じてこのシステムの重要な一部であり、日本とアメリカの同盟国はアメリカを介して接続した。二〇一〇年代に入るころからは、そうした間接的な関係はより直接的な協力関係へと変容した。そして日米両国とアメリカの同盟諸国、さらには同盟国以外の友好国との二国間、三国間、あるいは四か国間の協力枠組みが進化している。

日米同盟を含めてアメリカの結ぶ同盟は、締約国間に軍事協力にとどまらない、さまざまな利益と普遍的価値の共有をともなう運命共同体的な関係を生み出している。それはアメリカが国際秩序の形成と維持の中心的な担い手、覇権国家であることによって生じる現象である。西側諸国は米国の創り出す秩序を受け入れ、その下で利益と安全を得ることができるという関係が冷戦期を通じて構築された（玉置 二〇二四）。価値の共有が米国の結ぶ同盟の重要な要素であることは間違いない。ただ、同盟の本質は共同防衛であり、軍事・安全保障協力の態様は同盟のありかたを左右する。日米間の軍事・安全保障協力を性格づける前記三つの要素に注目することによって、一九五〇年代初頭に成立した日米間の安全保障取り決めが「日米安保体制」へ、そして「日米同盟」へと変容する過程を理解できるようになるであろう。

1　敗戦から「日米安保体制」へ

日米安保条約

講和・独立時の首相、吉田茂にとって、一九五一年九月に調印された対日講和条約（対日平和条約）と日米安保条約は「全く不可分の関係のもの」であった（吉田　一九五七）。朝鮮戦争の勃発によって東アジア地域の緊張が極度に高まるなか、アメリカが主導した対日講和は、ソ連や中国が参加しない講和（多数講和）となった。この段階で非武装化されていた日本の安全は国連でも国際法上の中立でもなく、アメリカに依存するよりほかないと吉田は判断した。これを具体化する手段として、吉田は米軍への基地提供を選択した。

アメリカの巨大な軍事力に自国の安全を委ねることが必然的に米軍への基地提供をともなうわけではない。だが、共産主義勢力に対する抑止という観点に立てば、米軍の日本駐留はもっとも確実な安全保障の方法であった。米軍部は、沖縄の長期保有にくわえて日本本土の米軍基地をアジア太平洋における不可欠の戦略的要請とみなしており、したがって基地の維持とその自由使用は講和の前提条件であった。その意味で、基地提供は独立回復の代償という側面もあった。さらに、本土への米軍駐留を認めなければ沖縄に対する日本の主権が永遠に失われる可能性もおそれもあった。こうして日米両国の思惑が重なったところに生まれたのが日米安保条約である。

安保条約は日本本土の施設・区域を米軍が使用する法的根拠となった。施設・区域の設定や米軍の権利の範囲は日米行政協定（一九五二年二月調印）に定められた。また、安保条約の付属協定、吉田＝アチソン交換公文によって、日本は朝鮮戦争に際して結成された国連軍にひきつづき便宜を与えることを約束した。在日米軍の「極東における国際の平和と安全に寄与」するという役割を明記（第一条）した極東条項とともに、在日米軍の行動の自由を保障する重要な仕掛けであった。その一方で、日米安保条約は、日本は米軍に基地を提供する義務を負うが米軍は日本防衛の義務は負わないなど、日本からみれば権利と義務の対称性を欠いた不完全な条約であった。アメリカ政府は、日本に自衛の意思と能力が不足していることを理由に、条約上の共同防衛義務を負うことを拒んだのである（楠 二〇〇九）。内乱条項や期限の定めがないといった安保条約の欠陥にくわえて、日米安保条約とその関連協定がこうして米軍の基地使用に関する権利の保障にほとんど特化していたため、安保条約は日本国内では著しく不評であった。

日本政府は、日米安保条約はあくまで暫定的な取り決めであると理解した。国会では、米軍への基地提供は日本が自衛の能力を備えるまでの一時的な防衛手段である、自衛力が整備されれば、権利と義務の対称性を欠いた条約は修正される、と説明された。保守指導者たちの問では、主権を回復するにもかかわらず米軍が駐留を継続することへの本能的な拒否反応も手伝って、軍備を保有すれば条約は対等となり、米軍は撤退するという期待が共有されることになった。それは自衛力建設の強力な動機となるはずであった。アメリカ政府も日本が早急に自衛に必要な軍事力を整備することを望んだ。ただ、国民には軍事的、軍隊的なものへの反発と戦争への恐怖が根強く、財政的制約もあって、日本政府は憲法の枠内で、また経済・財政状況の許す範囲の規模とスピードで自衛力建設を進めたのである。

安保改定

対日講和会議に前後して成立したANZUS条約や米比相互防衛条約は、いずれも将来的に「太平洋地域における地域的安全保障の一層包括的な制度が発達する」（前文）ことを想定していた。日米安保条約も第四条で「国際連合またはその他による日本区域における国際の平和と安全の維持のため充分な定をする国際連合の措置またはこれに代る個別的もしくは集団的の安全保障措置」が成立した際に条約は失効する、と規定している。一九五〇年代初頭のアメリカ政府は、アジア太平洋地域に地域的集団安全保障枠組みを構築することを考えていた。事実、アメリカの対日政策の基本方針には一九五〇年代後半まで、地域的集団安全保障機構に参加し、地域の平和と安定に貢献する日本の創出という目標が掲げられていた。

他方で、アメリカは一九五三年から一九五四年にかけて韓国や台湾の国民党政権との間にも相互防衛条約を締結し、アジア太平洋地域はアメリカを一方の当事者とする二国間、三国間の安全保障協定群で覆われることになった。日本を含めたアメリカの同盟諸国は、共産主義の脅威に対抗するという一般的な目的はある程度共有していたが、朝鮮半島やインドシナ半島など、具体的な問題では関心の度合いがまるで異なっていた。文化的・宗教的多様性、反植民地主義や反欧米感情、反日感情の存在、あるいは国家建設の進度や方向性の不均衡といった要素にくわえて、安全保障上の共通の利益の不在が「地域」感覚の醸成を阻害したことは否めない。個別の事情に応じてアメリカとの協力関係が構築されたのは、ほとんど必然的な結果であった。そしてひとたびアメリカとの間に安全保障協定が成立すると、制度として各国の対米関係や防衛・安全保障政策を拘束する。地域的集団安全保障機構に参加し、西側世界の平和と安定に貢献する日本というアメリカの描いた像は、そもそもその前提を欠いていたといえよう。

一九五〇年代を通じて、アメリカとの関係で日本政府がエネルギーの大半を注いだのは、日米安保条約体系の不備の是正と基地の運用をめぐる合意形成であった。独立回復と同時に米軍の基地使用にともなうさまざまな問題が表面化し、生活環境を脅かされる周辺住民は抗議の声を上げはじめた。一九五〇年代半ばにかけて、反基地運動は革新勢力に後押しされ、反核平和運動と連動しながら全国化し、日米両政府を悩ませることになる。政府間でも基地の運用や基地問題への対応をめぐってしばしば対立が発生した。

アイゼンハワー政権からみれば、在日米軍基地がアジア太平洋地域の西側の安全保障に不可欠の役割を担っているという現実に、日本政府は無頓着であった。独立後の日本の不安定な政治情勢や中立志向の強い世論、経済発展の遅れ、進まない自衛力建設に対する不満も大きかった。アメリカ政府の対日政策（一九五五年四月）が日本の政治的、経済的安定を自衛力建設よりも優先する方針を採択したのは、貧しく秩序の弛緩した日本が漂流し、東側に誘引されることを恐れたからにほかならない。反米感情を刺激する基地の整理・縮小も考慮されるようになった。一九五〇年代後半には、在日米軍基地がもつ戦略的価値の再検討作業を踏まえつつ、地上（戦闘）部隊を撤退させる一方で海空軍基地は維持するという方針が確立した。

さらにアメリカ政府内では国務省を中心に、日米関係を強化するためには日本を対等のパートナーとして処遇する必要があり、その具体的表現として安保条約の修正を検討してもよいのではないかという見解がしだいに支持を得るようになった。これが日米関係の対等化をめざす岸信介内閣の政策志向と共鳴した。一九五八年秋からおよそ一年をかけて、在日米軍基地は維持しつつ条文上の権利と義務の非対称性を解消すること、基地の運用における問題点を是正することを軸に政府間交渉が進められた。

米軍の利用する施設・区域の運用については、現場レベルの日常的な調整を通じて周辺住民の生活環境や日本の法体系に配慮した運用慣行が積み上げられていた（楠 二〇一八）。しかし極東条項の発動に際して米軍に事前協議を義務づけるか否かが大きな問題であった。一九六〇年一月に調印された新日米安保条約は、アメリカの日本防衛義務を明示し、一〇年の条約期限を設定するなど、旧条約の問題点をおおむね解消していた。また付属協定の岸・ハーター交換公文によって、在日米軍の装備における重要な変更、核兵器および運搬手段の持ち込み、在日米軍の日本領域外への出撃に際しては事前協議を行うことが合意された。藤山・マッカーサー口頭了解（非公開だが内容に言及してもよい）はそれらのおおよその判断基準を示した。ただし、在日米軍が国連軍として朝鮮半島に出撃する場合は事前協議の対象とはならないことが、藤山愛一郎外相とダグラス・マッカーサーが署名する議事録で確認されている（坂元 二〇二〇；波多野 二〇一〇）。この安保改定によって、旧条約の問題点はおおむね解消した。抜け道はあったものの、米軍の基地使用に日本の主権を主張する基本的な仕組みも整備されたのである。

沖縄返還と吉田路線の「再選択」

米軍基地の運用は、一九六〇年代後半の沖縄返還交渉に際しても最大の焦点であった。佐藤栄作内閣は、沖縄からの核兵器の撤去と日米安保条約の沖縄への適用——沖縄の基地にも事前協議制度を適用すること——をアメリカから勝ち取る一方で、地域の平和と安定への協力をより踏み込んだ形で約束した。佐藤・ニクソン共同声明（一九六九年一一月二一日）のいわゆる韓国条項と台湾条項は、朝鮮半島有事が発生した場合に日本政府は在日米軍の活動を最大限支援する、いい換えれば事前協議では必ず同意すること、台湾海峡有事についてもこれに準じる措置をとることを明らかにした。また佐藤首相はリチャード・ニクソン大統領に対して、秘密合意の形ながら、有事の際には沖縄への核持ち込みを容認するという言質を与えた（中島 二〇一二）。

事前協議制度は、米軍にとっては軍事的に合理的な行動を妨げる厄介な存在だったことは間違いない。ただ、核兵器の「持ち込み」をめぐる実際の運用が典型的に示しているように、その解釈はあいまいな要素を含んでおり、公式の制度にくわえて非公式のルールや慣行、暗黙の了解もしくはいわゆる「密約」が相互に補完しながら事前協議制度を構成していた。日本政府にとっては、米軍による基地の運用に日本の意思を反映させる仕組みの存在自体が重要であった。だが、意思を反映させることは日本が基地の運用に責任を負う、すなわちアジア太平洋地域の平和と安定に責任を負うことを意味する。アメリカの戦争に巻き込まれることを恐れる日本の国内世論に沿った立場の主張は、実際には困難だったであろう。世論の反発を招かない、しかし米軍の戦略的利益を損なわないような塩梅で制度が運用されていたのが実態だったとみられる。

沖縄返還によって、日本が安保条約を通じて地域安全保障に協力するという構図はより鮮明になった。一方で、佐藤内閣は、アメリカの抑止力に依存しつつ自衛力を漸進的に整備する方針を堅持した。佐藤首相が一九六七年一二月に国会で表明した非核三原則（一九七一年国会決議）は、核持ち込みに関する事前協議を拘束する反面、核武装の意思を否定する宣言でもある。日本は自立的な軍事力を備えたパワーにはならないという意思表示だったといってもよい。一九六〇年代後半、国民総生産（GNP）では西側第二位の経済大国へと躍進した日本に対する国際社会の関心は高く、巨大な経済力が軍事力に転化されるのではないか、軍国主義の日本が復活するのではないかという不安の声も聞かれるようになった。これに対して、佐藤首相をはじめ自民党の指導者たちは、自由を守り、平和に徹し、非軍事的手段を通じて国際の平和と安定、繁栄に貢献するという日本像を積極的に語った。

「平和国家」という国家像が自民党政権の指導者たちに共有されていた事実は、戦後日本外交のその後の展開を考えるうえで重要である。日米安保条約によって日本の安全を確保し、同時に安保条約を通じて地域の平和と安定の維持に協力するという安全保障政策は、この国家像の大前提であった。安保条約とその関連協定、公式・非公式の合意や慣行から成る条約体系が、国家像を支えるという意味で「体制」化したのが、一九六〇年代後半から一九七〇年代初頭にかけての時期であった。

2　役割分担の模索

デタント下の日米安全保障関係

一九七一年夏の二つのニクソン・ショック（米中接近とドルショック）をきっかけに、第二次世界大戦後に形成された国際秩序は劇的に変化した。米中関係改善は東西対立構造の溶融を加速し、ヨーロッパにおいてもアジアにおいても国際関係は流動化した。通貨の安定を支えてきたブレトン・ウッズ体制は、アメリカ政府が金・ドル兌換停止を発表した後、崩壊までそう時間はかからなかった。そして一九六〇年代末から人びとの意識にのぼるようになった経済的相互依存の深まりは、一九七三年の石油危機で顕在化し、緊張緩和（デタント）とあいまって冷戦を後景に追いやった。

この国際秩序の大変動は、かなりの部分がアメリカのパワーの相対的低下によって引き起こされたものである。経済・財政状況の悪化やベトナム戦争の泥沼化がアメリカを内向きにし、アジア太平洋地域への関与を低下させる可能性は、日本政府内では一九六〇年代末から一つの懸念材料となっていた。実際、ニクソン政権は日本を含めてグローバルに展開した米軍基地の整理・縮小に着手し、首都圏の基地は一九七六年までに横田や厚木、横須賀などを残して大半が日本政府に返還された（川名 二〇二四）。

デタントとアメリカの揺らぎは、日本にとって複雑な安全保障環境を作り出すことになった。日米安保条約も日本自身の自衛力整備も、共産主義の脅威が減退すれば必要性は薄れるかもしれなかった。しかも日本を含めて西側諸国は、アメリカの外交、経済政策の唐突で乱暴な転換に振り回され、対米不信を強めていた。他方で、アメリカがアジア太平洋地域で軍事的プレゼンスを低下させれば、日本の安全が危うくなるかもしれなかった。一九七〇年代前半の日本には、アメリカとの安全保障協力の強化を選ぶ可能性も、アメリカからより自立的な外交・安全保障政策に転換する可能性もあり得たであろう。

現実の日本政府は自立志向に走ることはなく、アメリカとの安全保障協力を基調とする従来の外交・安全保障政策を踏襲した。のみならず、日本のとったさまざまな行動は、アメリカを地域につなぎ止めようというねらいが滲み出ている。たとえば一九七一年から一九七二年にかけて、日本政府は横須賀を米海軍第七艦隊、さらに空母エンタープライズの母港とすることに同意した。沖縄の米軍基地が全体ではある程度整理・縮小された一方で、海兵隊や空軍はむしろ駐留の規模を拡大した。米軍部内では海兵隊の撤退方針が検討されていたが、日本政府は、日本に対する直接的な脅威に即応するアメリカの意思と能力の証として、海兵隊の沖縄駐留を望んだのである（川名 二〇二四；野添 二〇一六）。

こうした日本政府の決定は、アメリカから「見捨てられる恐怖」に駆られた結果として説明されることが多い（吉田 二〇一二）。米中接近に乗じて日本は一九七二年九月に中国との国交正常化を実現し、ソ連との外交関係も一時的に活性化した。共産圏との関係構築は日本外交にあらたな選択肢を加えた。とはいえ、日本周辺の軍事的脅威が消失したわけではなかったし、一九七五年四月にサイゴンが陥落、ラオスとカンボジアも共産主義政権の支配下に入ると、その影響が北東アジアに波及することが危惧された。

ひるがえって日本国内では、石油危機にともなう高度経済成長の終焉とデタント状況によって、政治的にも財政的にも防衛費の増額が困難となっていた。三木内閣が一九七六年に策定した「防衛計画の大綱」は、脅威に対抗できるだけの防衛力を整備するという発想を転換し、限定的かつ小規模な侵略までの事態に有効に対処できる防衛力を維持する——基盤的防衛力と定義された——ことを目的としていた（千々和 二〇二一）。三木内閣はほぼ同時に、防衛予算をGNP比一％以内に抑制する方針を決定している。日米安保条約に基づくアメリカとの安全保障関係に代えて、より自立的な軍事力の建設を進めるという選択は、少なくとも現実的な政策としては、日本政府内でほとんど考慮されなかったのである。

防衛協力と役割分担の実体化

アメリカの対外政策や通貨政策の急転換が西側諸国間の結束にほころびを生むなかで、一九七〇年代半ばのアメリカ政府は西側同盟が共通の価値に基づく同盟であると強調し、価値を共有する西側諸国が協調して国際秩序を支えることの重要性を訴えるようになった（長 二〇二二）。アメリカもまた西側同盟を捨て去る意思は毛頭なく、同盟にあらたな目的と意義を与え、その存続を図ろうとしたのだった。折しもこのころからデタントは退潮傾向に入り、ソ連の脅威に対抗するという同盟の本来の目的がふたたび前景化した。アジア太平洋においては、ソ連が極東地域で急速に軍備拡張を進めている実態が憂慮され、アメリカの軍事プレゼンスは重要性を増した。

デタント以前と異なるのは、アメリカ政府が日米の安全保障協力のなかで日本により大きな負担を要求するようになったことであろう。世界第二位の経済規模を誇り、しかも経常収支黒字を積み上げる日本が、安全保障上のコストをごく低次元にとどめていることに対して、アメリカ国内の視線は年々厳しさを増していた。カーター政権は日本政府に対して防衛費の顕著な増額を、つづくレーガン政権は役割と任務の拡大を要請した。

大平内閣と鈴木内閣は、具体的な数字を示して防衛費増額を要求するカーター政権に対しては、政治的に可能な範囲で応じた。当時の日本政府にとっては財政再建が喫緊の政治課題であり、政府支出が抑制されるなかで防衛費の大幅な増額は困難だった。アメリカからの防衛装備調達の増大は、たとえば一九七七年に導入が決定された対潜哨戒機（P―3C）と要撃戦闘機（F―15）のように、第一義的には日本の作戦能力の向上を目的としていたが、対米貿易黒字を還元しアメリカの不満を和らげるという意味合いもあった。一方、レーガン政権が重視したのは、防衛費増額もさることながら、日本領域および周辺海・空域一〇〇〇カイリまでのシーレーン（海上交通路）防衛だった。フィリピン以北、グアム以西という北西太平洋一帯の海域防衛の分担は、鈴木内閣を経て中曽根内閣の下で本格的に実行に移されることになる（若月二〇一七）。中曽根内閣以降、自衛隊の対潜能力と防空能力は大幅に強化され、日米は緊密に連携して日本周辺海域での哨戒活動を展開した。それはソ連極東艦隊の太平洋進出を困難にする効果をもった。

こうした日米の役割分担あるいは防衛協力の基盤となったのは、一九七八年一一月に策定された「日米防衛協力のための指針（ガイドライン）」であった。侵略を未然に防止するための態勢と日本に対する武力攻撃に際しての対処行動等について、日米それぞれの役割、協議や調整に関する原則を規定した文書である。一九五〇年代以降、自衛隊と米軍の間には有事の際の共同行動に関する計画が存在していた（板山二〇二〇）。一九七〇年代に入ってアジア太平洋地域の国際情勢が流動化するなかで、日米間では兵力構造にくわえて作戦運用面での協力を進展させることも検討されるようになった（吉田 二〇一二）。このガイドラインによって、日本有事の際の日米の共同行動の原則がようやく政府間で合意されたのだった。もっとも、「日本以外の極東における事態で日本の安全に重大な影響を与える場合」の日米協力は、「情勢の変化に応じ随意協議」するとのみ記された。集団的自衛権の行使は許されないという憲法解釈や自衛隊の海外派兵を禁止した国会決議（一九五四年）との整合性を検討する必要があり、この段階での合意は見送られたのだった。

ガイドラインは日米の安全保障関係に劇的な変化をもたらしたわけではないが、ガイドラインを根拠として共同訓練や共同演習を実施、拡大することが可能となった。また日米間の事務レベルの安全保障協議では、自衛隊と米軍の間の相互運用性や互換性、兵器標準化といった問題が取り上げられるようになった。日米間の安全保障協力は、在日米軍基地の運用をめぐる協力にくわえて米軍と自衛隊との防衛協力という要素によって支えられるようになったのである。

自衛隊の海外派遣

一九八〇年代は、日米貿易摩擦がもっとも厳しい時代であった。その一方で、ロン＝ヤス関係と呼ばれた中曽根康弘首相とロナルド・レーガン大統領との親密な関係を基礎に、日米間の防衛協力は進展した。中曽根内閣は対米技術供与の武器輸出三原則の例外化（一九八三年）、防衛費のＧＮＰ比一％枠撤廃（一九八七年一月）、レーガン政権の戦略防衛構想（ＳＤＩ）への参加決定（一九八六年）など、論争的な方針を次々と決定した。中距離核戦力（ＩＮＦ）をめぐる米ソ核軍縮交渉に対しては、アジアも含めた核軍縮の実現をアメリカ政府や西側諸国に働きかけた（瀬川 二〇一六）。

それでも自衛隊の海外派遣は実現できなかった。イラン・イラク戦争の最中の一九八七年九月、イランが機雷を敷設したペルシャ湾では安全航行の確保が喫緊の課題となった。欧米各国の間では、石油資源の大部分を中東地域に依存する日本も協力すべきとの声が高まった。中曽根内閣は、対米協力の観点から海上自衛隊の掃海艇や海上保安庁の巡視船の派遣を検討したものの、実務上の諸問題や法解釈をめぐって政府内の意見を集約することができず、最終的には見送った（加藤 二〇二三）。竹下内閣は、一九八八年春に「国際協力構想」をとりまとめる過程で、「平和のための協力」の手段として自衛隊の国連平和維持活動（ＰＫＯ）への参加を検討した。しかし、野党や世論の反発が予想されたことにくわえて、政府内でも依然として立場や意見の隔たりが大きく、人的貢献としては国連の展開する軍事監視団や選挙監視等の活動への文民派遣にとどまった（庄司 二〇一五）。

自衛隊の海外派遣が実現するのは、冷戦終結後の一九九三年である。イラクのクウェート侵攻に端を発する湾岸危機・戦争（一九九〇～一九九一年）に際して、後手後手に回った日本政府の対応は国際社会の批判を浴びた。アメリカを中心とする多国籍軍への日本の経済・財政的支援は総額九〇億ドルに上ったが、冷戦後の新しい事態への対処能力を欠き、国際的評価が得られなかったという敗北感は強かった。湾岸戦争が終結したあとの一九九一年四月、日本政府はアメリカのかねてからの要請に応じて海上自衛隊掃海艇部隊をペルシャ湾に派遣した。一九九二年六月には国際平和協力法（ＰＫＯ法）および国際緊急援助隊法改正が成立し、自衛隊はＰＫＯや国際緊急援助への参加が可能となった。この年一〇月から翌年九月まで、陸上自衛隊の施設部隊はカンボジアで道路や橋の修理などの業務に従事した。

自衛隊の海外派遣は、こうして平和の回復のための共動対処行動に参加することから始まった。非軍事的手段を通じた国際の平和と安定、繁栄の維持への協力は、一九七〇年代に入るころから「平和国家」を掲げる日本の外交政策の重要な一部を構成しており、この文脈で自衛隊の海外での非軍事的活動は正当化されたといえよう。国際平和協力分野での活動が高く評価されるにつれ、国内では自衛隊の海外派遣への抵抗感は弱まっていった。米軍と自衛隊との防衛協力の進展と自衛隊の活動領域の拡大によって、日米間の安全保障協力は「物と人との協力」を超えて「人と人との協力」という性格を帯びるようになった。

3　冷戦後の国際秩序と日米同盟

安全保障戦略の再検討

冷戦終結は、アジア太平洋地域にはヨーロッパほどくっきりした形では訪れなかった。韓国が中国、ソ連と相次いで国交を樹立し、日ソ関係が好転するなど、北東アジア地域には緊張緩和状態が生まれた。だが、韓国とは対照的に孤立を深めた北朝鮮は核・ミサイルの開発に猛進し、中国はめざましい経済成長を足場に軍事大国化を進めた。「二つの中国」をめぐる大陸と台湾との関係は、台湾が民主化を達成し、「台湾化」を進めたことによってあらたな段階を迎えた。冷戦下で生まれた分断は冷戦の終結によっても解消することはなく、地域の平和と安定を揺るがす恒常的な不安定要因として残存した。

こうした情勢に、アメリカは基本的には従来の二国間同盟で対応した。国防総省が一九九五年二月に発表した「東アジア太平洋安全保障戦略（ナイ・レポート）」は、地域の平和と安定を確保しアメリカの影響力を維持するために、アメリカが冷戦後もひきつづき同盟を地域戦略の柱とし、前方展開兵力を一〇万人規模で維持する意思を明らかにした。その最大の兵力を引き受ける日本については、日米同盟はアメリカのアジア太平洋地域における安全保障戦略の基軸であると宣言し、日米関係をもっとも重要な二国間関係として重視する姿勢を鮮明にした。

この戦略文書が公表されるおよそ半年前の一九九四年八月、日本政府内では細川護熙首相の諮問機関として設置された防衛問題懇談会が「日本の安全保障と防衛力のあり方――二一世紀へ向けての展望（樋口レポート）」をまとめている。あらたな時代における防衛力のありかたの第一項目に、PKOへの参加や軍備管理のための国際協力、地域の安全保障対話の推進など多角的安全保障協力が掲げられたのは、冷戦が終結し国連の集団安全保障システムが機能すると期待された時代の反映であった。しかし、項目の順番が優先順位を意味したわけではなく、多角的国際的安全保障協力と日米安全保障協力、日本自身のもつべき防衛力を有機的に関連づけようという意図の現れであり、この点に樋口レポートの先進性が認められる。日米同盟は、日本自身の安全保障にも多角的な安全保障協力を効果的なものとするためにも不可欠であり、「〔日米安全保障〕条約の存続をよりいっそう確実なものとし、そのよりいっそう円滑な運用をはかるため、さまざまな政策的な配慮と制度的な改善がなされなければならない」と論じられた（渡辺・河野 二〇一六）。この提言に基づいて一九九五年一一月に策定された「防衛計画の大綱」は、日米安保体制が日本および地域の平和と安定にひきつづき重要な役割を果たすとの前提に立って、一九七六年版大綱を踏襲し基盤的防衛力の整備を防衛計画の基本方針に設定した。

日米安保再定義

日米同盟を維持するという両国の意思は一九九六年四月、橋本龍太郎首相とビル・クリントン大統領の共同声明「日米安保共同宣言」として国際社会に発表された。両首脳は、日米安保条約を基盤とする両国間の安全保障関係が「共通の安全保障上の目標を達成するとともに、二一世紀に向けてアジア太平洋地域において安定的で繁栄した情勢を維持するための基礎であり続けることを再確認した」。二国間の緊密な協力関係を増進するため、「日米防衛協力のための指針（ガイドライン）」を見直すことも併せて発表された。翌一九九七年九月に成立した新ガイドラインは、日本に対する武力攻撃にくわえて日本周辺地域で発生し、日本の平和と安全に重大な影響を与える事態（周辺事態）における協力の基本方針を定めた。日米安全保障協議委員会（日米2＋2）や高級事務レベル協議などを通じた政府間の情報交換や政策協議の充実にくわえて、協議の促進、政策調整および作戦・活動分野の調整のためのメカニズムを構築することも合意された。二〇〇〇年一一月までには新ガイドラインの実施に必要な国内法（ガイドライン関連法）も整備された。

なぜ日米同盟は維持されたのか。日米同盟を含めて冷戦期にアメリカが結んだ同盟の多くが冷戦後も継続している事実は、西側同盟が共産主義の脅威に対抗するための軍事協力という目的を超えて、国家間関係の基礎として機能していたことを示しているように思われる。日本が在日米軍基地を通じて地域の平和と安定に協力してきたことにくわえて、一九八〇年代に入るころから自衛隊と米軍の防衛協力が進展したことによって、日米間の安全保障協力は実体がともなうようになった。そして、北朝鮮と中国の軍事大国化という地域の不安定要因は、地域の平和と安定を維持する装置という日米同盟の存在意義を確認する効果をもった。基地の運用をめぐる協力と防衛協力の制度化が進み、政策協調も可能となった同盟関係は、当初の目的が消滅しても生き残る強靭性をもっていた。

日米両政府の安全保障政策の再検討に始まり、「日米安保共同宣言」を経てガイドライン改定と関連法整備へと至る過程で浮かび上がったのは、在日米軍の使用する施設・区域のじつに七割以上が沖縄に集中しているという実態であった。沖縄にとっては、アジア太平洋地域に米軍が一〇万人規模の海外展開兵力を維持するという決定は、基地を恒久化するという一方的な宣告に等しかった。折しも一九九五年九月に発生した少女暴行事件は、住民の間にくすぶっていた反基地感情に火をつけ、日米両政府は沖縄の基地負担の見直しを迫られることになった。普天間飛行場の返還合意（一九九六年四月）は、施設・区域の整理・統合、縮小に関する政府間協議の一つの成果であった（第6章参照）。日米同盟がもたらす安全保障上の利益は日本全土に均霑されるが、負担は公平ではない。不公平の是正も容易ではない。やがて沖縄が過剰な基地負担を引き受けているという現実が本土と沖縄の歴史的関係に根ざす構造的な問題として理解されるようになると、沖縄基地問題は凄惨な沖縄戦の記憶と連動しつつ人びとの感情を揺さぶり、日米安保体制に対する強力な異議申し立ての震源地となったのである。

同盟のグローバル化

一九九三年七月に行われた総選挙の結果、非自民連立政権の細川護熙内閣が誕生し、冷戦終結からそれほど時をおかず日本国内の冷戦体制――五五年体制――も崩壊した。一九九〇年代から二〇〇〇年代前半にかけて、政治改革が進む一方で政党勢力は離合集散を繰り返したが、やがて自民党は公明党との連立政権を安定させ、非自民勢力では民主党が政権担当能力をもつ政党として成長した。民主党は、日米安保体制の堅持を外交政策の基調としていた。戦後はじめて、共産党を除く主要政党が日本の外交安全保障政策について共通認識を土台に議論できる状態が生まれたのだった。

二〇〇一年九月に発生したアメリカ同時多発テロ事件を契機に、ブッシュ政権は中東での対テロ戦争にのめりこみ、アメリカの同盟国は協力の範囲と程度をめぐって難しい判断を迫られた。小泉内閣が選択したのは対テロ戦争への支持と協力であり、日米同盟の深化と拡大であった。自衛隊は二〇〇一年一二月からインド洋での給油活動に、イラク戦争終結後の二〇〇三年一二月からはイラクでの輸送、復興支援業務に従事した。いずれも自衛隊はもとより周辺事態としても説明できる活動ではなかったし、イラク戦争は国際社会の強い反対を押し切って強行された戦争であった。それでも小泉内閣がブッシュ政権を一貫して支持し、既存の法体系を飛び越える特別措置法を用いて自衛隊を中東地域に派遣したのは、ひとつには対テロ戦争への協力は国際の平和と安定の維持に資するという意識であった。くわえて、とりわけ自民党指導者たちには、アメリカに協力しなければ、北東アジアで日本の安全を脅かす事態が発生したときに見捨てられるかもしれないという恐怖もはたらいたように思われる。

対テロ戦争に並行して、アメリカ政府は技術革新とグローバルなテロリズムという新しい脅威に対応するため、海外基地の再編に着手した。二〇〇三年秋から二年以上に及ぶ当局者間の協議を通じて、日米間では在日米軍の利用する施設・区域の機能や役割、米軍と自衛隊との相互運用性などが再検討され、戦略目標の共有が進んだ。日米２＋２が二〇〇六年五月に発表した最終報告「再編実施のための日米ロードマップ」は、沖縄の米軍基地の再編、整理・縮小計画のほかキャンプ座間への米陸軍第一軍団司令部と陸上自衛隊中央即応集団司令部の移転、横田基地への航空自衛隊航空総隊司令部および関連部隊の移転と日米共同統合運用調整所の設置、第五空母航空団の厚木から岩国への移駐、ミサイル防衛の推進などの方針を明らかにした。これは、グローバルに活動する米軍を支える拠点として在日米軍基地を強化すること、その米軍と自衛隊との協力をより緊密にすることを意味していた。対テロ戦争と米軍再編を通じて、日米両国は同盟に基づく協力の範囲をグローバルな安全保障へと拡大した。

アジア太平洋地域の多層的な秩序

冷戦終結後の一九九〇年代、国際秩序を支える枠組みとして期待が高まったのは、中国や北朝鮮、ロシアも含めた地域安全保障機構であった。一九九三年七月、ＡＳＥＡＮ外相会議と日本、米国、中国などを含めたＡＳＥＡＮ拡大外相会議において、地域諸国と欧州共同体（ＥＣ）を構成員にアジア太平洋地域の政治・安全保障対話を行う場としてＡＳＥＡＮ地域フォーラム（ＡＲＦ）を創設することが合意され、翌年にはバンコクで第一回閣僚会合が開催された。構成国間に建設的な対話と協議を育み、アジア太平洋地域の信頼醸成と予防外交を促進することが、ＡＲＦに期待された役割だった。いい換えれば、域内の秩序破壊行動に対して構成国による集団的軍事行動を組織するような役割がＡＲＦに与えられていたわけではない。アメリカや同盟国は、深刻な安全保障問題についてはアメリカが結ぶ同盟、同盟網が機能することを想定していた。

とはいえ、交流の拡大や透明性の向上など信頼醸成、あるいは予防外交を通じて協調的な国家間関係を構築する必要は、アジア太平洋地域諸国の間で認識されていた。冷戦終結期から二〇〇〇年代にかけて、ARFやアジア太平洋経済協力（APEC）にくわえて東アジア首脳会議（EAS）、ASEAN＋3（日中韓）首脳会議、拡大ASEAN国防相会議など多くの地域諸国が参加する包括的枠組みが形成され、対話と相互理解の場を提供した。こうした地域諸国全体を包含する枠組みと、個別の二国間同盟の集積体であるハブ・アンド・スポーク型システムにくわえて、その中間に位置する多国間協力枠組みも出現した。朝鮮半島の安全保障に関する六者協議（南北朝鮮＋米中日ロ）や各種軍事演習、災害救援や組織犯罪、保健衛生、エネルギーなどの分野での協力、大量破壊兵器の拡散防止・拡散対抗のための協力などがこれに該当する。問題領域別に対話の創出や能力構築およびネットワーク形成の仕組みが考案され、参加国も協力の態様も多様で柔軟な協力枠組みであった。

冷戦終結からおよそ二〇年の間に、アジア太平洋地域においてはこのように多様な安全保障の協力枠組みが多層的に形成され、相互に補完しながら機能する構造が定着した（神保 二〇一一）。日米安保再定義、そして同盟のグローバル化は、この多層的秩序のなかで秩序挑戦者に対する抑止機能と破壊者に対する制裁機能をもつハブ・アンド・スポーク型システムの強化に貢献した。同時に、日本は地域全体を包含する枠組みやさまざまな問題領域別の枠組みに参加し、地域諸国との間で安全保障分野での協力を積み重ねた。脅威を及ぼす主体が多様化し、あらゆる危険がグローバリゼーションによって拡散する複雑な安全保障環境の下で、日本の防衛と国際的な安全保障環境の改善という二つの目標は密接に連関する。この目標を日本自身が行う活動、利益や価値観を共有する同盟国との協力、そして国際社会との協力という三つのアプローチを組み合わせて実現することが、日本の安全保障政策の基本的な形態となった。

4 「インド太平洋」政策のなかの日米同盟

安全保障分野の改革と同盟強化

二〇〇九年夏、総選挙で大勝し政権交代を実現した民主党政権は、日米安保体制の堅持を掲げる一方で日米関係の対等化をめざした。その意気込みは、鳩山由紀夫首相の提唱した東アジア共同体構想や普天間基地の県外移設提案に典型的に表れたが、いずれも現実化する方途をもたないまま走り出したこともあってアメリカの理解を得られず、日米関係は一時的にギクシャクした。しかし、二〇一一年九月に野田内閣が発足するころには、少なくとも日米同盟を希薄化する選択肢はほとんど考慮されなくなったといってよい。海洋権益を重視し軍事力を増強する中国は、地域の平和と安定を脅かす構造的要因となっていた。尖閣諸島をめぐって中国が経済的軍事的威圧を強めたことで、アメリカとの同盟の重要性はいっそう高まった。国家安全保障戦略の重心をアジア太平洋地域に移行させる意思を明確にしたオバマ政権との間で、野田内閣は日米両国が二国間安全保障協力を強化し、さらに地域諸国への関与を拡大することを確認した。

第二次安倍内閣は、日米同盟の深化と拡大路線をさらに推し進めた。これに並行して、安全保障政策分野で強力な政治主導を実現し、国家の統合的な意思を示す安全保障戦略を策定することをめざした。まず二〇一三年一二月から翌年一月にかけて、内閣に日本の安全保障に関する重要な事項を審議する国家安全保障会議（NSC）とその事務局である国家安全保障局が設置された。この間に策定された国家安全保障戦略（NSS）は、「国際協調主義に基づく積極的平和主義」を基本理念として必要な抑止力の強化、日米同盟および域内外のパートナーとの信頼・協力関係の強化と実際的な安全保障協力の推進、普遍的価値やルールに基づく国際秩序の強化を目標に掲げた。

こうした目標を実現し、また同盟強化の過程で最後まで残された課題、集団的自衛権の行使を限定的ながら可能とするための制度が、二〇一五年九月に成立した平和安全法制であった。自衛隊法や周辺事態確保法など一〇の法律の改正から成る平和安全法制整備法と、あらたに制定された国際平和支援法から構成される複雑な法体系である。国連の集団安全保障が発動される、もしくは同等の事態が生起した場合の対処、PKOに参加する自衛隊の任務の拡大、また自衛隊と米軍、あるいはアメリカの同盟国など友好国の軍隊との協力など、想定しうるかぎりの状況とこれに対応する行動を規定している。有事は各種「事態」に細分化され、「事態」ごとに武力行使を含む自衛隊の活動には要件や範囲が厳格に設定された。「事態」の判定もさまざまな基準を満たす必要があるから、平和安全法制によって自衛隊の行動が劇的に拡大したわけでも武力行使が容易になったわけでもない。それでも、自衛隊と米軍との共同行動や域内外のパートナーとの協力関係を構築、拡大するのに必要な法的基盤を整備したという点で、平和安全法制は同盟の深化と拡大を促進する意味をもった。

この間の二〇一五年四月、日米両政府は「日米防衛協力のための指針（ガイドライン）」の二度目の改訂に合意した。切れ目のない形で日本の安全を確保するための協力はいっそう強化され、さらに二国間協力の対象は地域からグローバル、サイバー空間へと拡大した。弾道ミサイル防衛システムの整備や武器輸出等三原則に代わる防衛装備移転三原則の策定（二〇一四年四月）、環太平洋パートナーシップ（TPP）協定調印（二〇一六年二月）も、同盟の深化と拡大の一環に位置づけられるであろう。バラク・オバマ大統領は政権末期の二〇一六年五月、広島を訪問した。そのおよそ半年後に安倍晋三首相は真珠湾を訪問した。それは、日米両国が戦争を乗り越えて精神的な紐帯に支えられる同盟関係を築いたことを象徴的に示していた。

「自由で開かれたインド太平洋」（FOIP）政策

ジョージ・W・ブッシュ大統領と小泉純一郎首相が二〇〇六年六月に発表した共同声明「新世紀の日米同盟」は、日米両国は共通の脅威に対処するだけでなく、普遍的価値観を推進し、テロとの戦いにおける勝利、地域の安定と繁栄、市場経済の理念と体制の推進、人権の擁護、航海・通商の自由の確保、エネルギー安全保障の向上といった利益を共有する関係であると謳った。このころから、日本政府は普遍的価値の推進を外交目標に掲げる傾向が強まったように思われる。第一次安倍内閣は、ユーラシア大陸の外延に自由と民主主義、市場経済と法の支配、基本的人権の尊重を基礎とする国家群が連帯して「自由と繁栄の弧」を創り出すことを提唱した。野田内閣は、オバマ政権と協力して地域におけるルールや規範の形成に取り組む姿勢を打ち出した。TPP交渉への参加表明や海洋における協力に関するフォーラム創設の提唱（二〇一二年一二月にASEAN海洋フォーラム拡大会合が実現）は、ルール形成と同盟強化の一環としてとらえられるだろう。

第二次安倍内閣は、「自由で開かれたインド太平洋」戦略（のち政策）を推進した。アジアとアフリカという二つの大陸、太平洋とインド洋という二つの大洋の結合をめざす壮大な地域秩序構想であった。法の支配を含むルールに基づく国際秩序の確保、航行の自由、紛争の平和的解決、自由貿易の推進を通じて自由で開かれたインド太平洋を実現し、地域における平和と安定、繁栄を追求することが日本の利益になる。日本の同盟政策を含む安全保障政策は、国家安全保障戦略にくわえてこうした地域秩序構想に支えられるようになったのである。

普遍的価値を紐帯に地域諸国の連帯と協力を推進するという秩序構想は、中国への対抗色を漂わせていたために地域諸国は当初敬遠したが、アメリカ、オーストラリアやインド、ASEAN、さらには欧州各国の地域戦略の基底をなす概念としてしだいに定着した。日本やオーストラリアといったアメリカの同盟諸国は、アメリカとの同盟関係を安全保障政策の基本とし、その深化と拡大を進めつつ地域諸国との安全保障協力を強化する。一方で、すべての地域諸国にとって中国との関係は政治的にも経済的にも重要で、可能な領域で中国との協力関係を構築することが求められる。米中の角逐に引き裂かれる世界よりは、米中もインドも包摂する広大な空間のなかでより多元的で安定的な力のバランスを生み出しつつ、国際的なルールや規範によって物理的な力の行使が抑制される秩序の方が望ましいという感覚は、日本やオーストラリアのようなアメリカの同盟国にもASEAN諸国にも共通している（佐竹二〇二一）。「自由で開かれたインド太平洋」とは、台頭する中国にルールや規範の網をかけ、力によって国際秩序を維持する意思を減退させつつあるアメリカをつなぎ止め、インドを引き寄せるための仕掛けなのである。

緩やかな多国間同盟？

二〇一〇年代に入るころから、アジア太平洋地域ないしインド太平洋地域には、ハブ・アンド・スポーク型システムの枠外で二国間またはミニラテラル――二国間（バイラテラル）と多国間（マルチラテラル）

の間——な防衛・安全保障協力が発展した。第一に、日本とオーストラリア、日本とフィリピンのようにアメリカの同盟国間、つまり「スポーク」間の協力関係が発展した。とくに日豪間には定期的な外務・防衛担当閣僚会合（２＋２）や合同軍事演習、物品役務相互提供協定（ACSA）、軍事情報包括保護協定（GSOMIA）、防衛装備品・技術移転、相互アクセス協定（RAA）などの防衛・安全保障協力に関する取り決めを備えた「特別戦略パートナーシップ」関係が成立している。日豪両国と共通の同盟国、アメリカを加えた三国間でも、防衛相会談の定期開催など協力関係が制度化された。二〇二四年一一月には、三か国の相互運用性の向上や共同演習の拡大、さらに日米豪防衛協議体を設立することが発表された。

第二に、アメリカおよび同盟国とインドやASEAN諸国との二国間ないし三国間、四国間協力が形成された。日印関係は二〇〇〇年代後半から安全保障分野で大きく進展し、閣僚レベルの協議機関や防衛・安全保障協力に関する取り決めもRAAを除いては充実した。アメリカ、オーストラリア、日本、インドで構成されるQUAD（クアッド）は、二〇〇四年一二月に発生したスマトラ沖地震・津波被害でチームを組んで国際社会の支援体制を主導したことに始まり、事務レベル会合から局長級協議、閣僚級会合の定期化へと連携体制が進化した。「自由で開かれたインド太平洋」の実現に向け、質の高いインフラ、海洋安全保障、テロ対策、サイバー・セキュリティ、人道支援・災害支援など幅広い分野で実践的な協力を推進する。二〇二一年にはオンラインながら初の首脳会談が開催された。

ASEAN諸国とアメリカや同盟諸国との関係も、濃淡はあるもののインド太平洋地域の多国間安全保障協力の一角を構成している。日本の場合、カンボジア、インドネシア、マレーシア、タイ、ベトナムと包括的戦略的パートナーシップを締結しており、そのほぼすべての国との間で防衛装備品および技術の移

日本と地域諸国との間の防衛・安全保障協力

カテゴリー	パートナーシップの名称	2+2	ACSA	2国間共同訓練・演習	GSOMIA	防衛装備品・技術移転協定	RAA	能力構築
オーストラリア	特別戦略	○	○	○	○	○	○	—
フィリピン	戦略	○	○	○	○	○	○	○
韓国		○	×	×	○	×	×	—
インド	特別戦略・グローバル	○	○	○	○	○	×	—
カンボジア	包括的戦略的	×	×	×	×	×	×	○
インドネシア	包括的戦略的	○	×	○	×	○	×	○
マレーシア	包括的戦略的	×	×	○	×	○	×	○
シンガポール		×	×	×	×	○	×	—
タイ	包括的戦略的	×	×	×	×	○	×	○
ベトナム	包括的戦略的	×	×	○	×	○	×	○

出典：外務省ウェブサイト、「外交青書」より筆者作成

転、能力構築に関する協定が実現した。なかでもインドネシアとの協力関係はもっとも進展しており、外務・防衛閣僚会合（2＋2）や訓練・共同演習が実施されている。

第三に、域外諸国、とくにNATO・EU諸国がインド太平洋地域の平和と安定の維持に関与する意思をもちはじめたことだった。ASEAN拡大外相会議やARFなど包括的な地域枠組みへのEUの参加にくわえて、EU・NATO諸国とインド太平洋地域諸国との二国間、三国間の安全保障協力が実現しつつある。日本はイギリス、フランス、ドイツなどとの間で2＋2を開催するようになった。またイギリス、イタリアとの三か国で次期戦闘機の共同開発を合意した。アメリカ、イギリス、オーストラリアの協力枠組みAUKUSは、潜水艦や長距離攻撃能力、サイバー・セキュリティ、量子技術など最先端テクノロジーの開発をめざしている。

このように、ハブ・アンド・スポーク型システムは安全保障上の利益を共有する諸国を巻き込みながらネット

ワーク化している。また、人道援助・災害救援（HA／DR）や海賊対策、越境犯罪、テロ対策やPKOなどの分野では、同盟国やパートナー国のみならず意思と能力のある国家との協力関係が蓄積されつつある。海洋安全保障、能力構築支援、防衛装備、技術協力をめぐる各国の共同訓練演習やハイレベル交流、軍種間交流が活発に展開され、これにともなって制度化が進んでいるのである（神保 二〇一九）。

ハブ・アンド・スポーク型システムのネットワーク化と友好国との安全保障協力の強化は、アメリカが自身の主導する国際秩序を維持するという意思と能力を低下させている現状の反映である。同時に、柔軟性・開放性のある協力枠組みも含む多層的な協力形態は、利益や普遍的価値が必ずしも共有されてはおらず、場合によっては対立さえしている地域に適合しているのであろう。地域諸国はそれぞれの問題関心に沿って必要な範囲で必要な国家と協力関係を結ぶ。日本は日米同盟の深化と拡大を推進する一方で、アメリカを中心とする同盟網のネットワーク化に貢献し、同時に中国やロシアなどとの協調的関係を模索しているのである。

日米同盟のゆくえ

日米安保条約に基づく両国間の安全保障協力は、在日米軍基地の運用をめぐる協力に始まった。当初はこれがほとんどすべてといってよかった。アメリカが期待したほどではなかったにせよ日本が自衛力を増強し、またアメリカに次ぐ経済的パワーとなった日本により負担を求めるべきだという機運が高まるにつれ、日米間の安全保障協力は自衛隊と米軍との協力をともなうようになった。これに並行して日本と地域安全保障との関係も変容した。日本政府は米軍基地の運用に協力することによって間接的に地域の平和と安定の維持に貢献していたが、やがて自衛隊と米軍との防衛協力が地域安全保障上の役割を担うようになった。冷戦終結後、地域の平和と安定のための装置という意義を与えられて存続した日米同盟は、地域からグローバルな平和と安定の維持、さらには宇宙、サイバー、電磁波領域を対象とするようになり、自衛隊と米軍との協力がこれを支えている。

こうして深化と拡大を続ける日米同盟は、一九六〇年に成立した日米安保条約と基地の運用に関する地位協定、関連協定が想定した範囲をはるかに超えたといってよいであろう。今日の日米同盟は、日米安保条約を中核として日米安全保障協議委員会（日米2＋2）をはじめ政府間のさまざまなレベルの協議体、こうした協議体で生み出された政府間合意、各種協定、共同声明、公式・非公式の慣行などで構成される有機体である。そして、ハブ・アンド・スポーク型システムのネットワーク化によって、アメリカと同盟国、利益と普遍的価値をある程度共有する諸国との間に形成された、または形成されつつある協力関係のなかに日米同盟は組み込まれている。

同盟がどのように変容しようとも、日本で生活する人びとの目に映る存在は在日米軍基地である。沖縄をはじめ基地を抱える地域にとっては、同盟とはすなわち負担を意味する。地域の平和と安定を維持し、グローバルに展開する米軍を支える拠点という基地の役割を理解したとしても、なぜその基地をここに置く必要があるのかという問いは消えることはない。基地の存在によって得るものよりも失われたものの方が大きく感じられるのは、人びとの生活が土地に深く根差している以上は避けられないであろう。安全保障上の要請という強力な論理に回収されることを拒否する感情は、同盟の深化と拡大のなかでも消えることはない。

二〇二二年二月に始まったロシアのウクライナ侵攻以後、日米の同盟関係にはあらたな傾向がみられるようになった。ひとつは、拡大抑止の維持・強化をめぐる協議が活性化したことである。日米拡大抑止協議自体は二〇一〇年に設置されたが、中国の核戦力の増強や北朝鮮の核・ミサイル開発の進展にくわえて、ロシアによる核の威嚇、さらに露朝間の軍事的連携の強化が、アメリカの拡大抑止の維持・強化と二国間協力の重要性を高めた。日米共同の「統合的な抑止力」の強化をいかに実現するかが課題になるであろう。

もうひとつは、日本が「防衛力の抜本的強化」（国家安全保障戦略二〇二二）に踏み切ったことである。五年間で四三兆円という防衛費の大幅な増額や反撃能力の保有は、同盟における日本の役割を拡大することにつながるかもしれない。それはさらに日本のアメリカに対する自立性を高めることになるのかもしれない。国家安全保障戦略二〇二二が「国際社会の主要なアクターとして、同盟国・同志国等と連携し、国際関係における新たな均衡を、特にインド太平洋地域において実現する」ことを目標に掲げたこと、政治指導者たちが防衛力の抜本的強化に裏打ちされた外交を展開すると発言しはじめたことなども、パワーとして秩序形成に取り組む日本の意思を明らかにしているように思われる。

安定よりは混乱を、普遍的な理念よりは計算可能な利益の追求を、制度の構築よりは一回限りの駆け引きを好むアメリカ――トランプ政権はその始まりであろう――を前提とするとき、同盟に残されるのはもっとも基本的な役割、すなわち共通の脅威への対抗と抑止かもしれない。同盟のなかで日本が自立性を高めることは、同盟を駆け引きの道具にさせないために重要である。そして、アメリカの地域への関与を安定させるには、高度に制度化され、ネットワーク化した安全保障上の協力関係が必要なのである。

〈引用文献〉
板山真弓（二〇二〇）『日米同盟における共同防衛体制の形成――条約締結から「日米防衛協力のための指針」策定まで』ミネルヴァ書房
加藤博章（二〇二三）『自衛隊海外派遣』筑摩書房［ちくま新書］
川名晋史（二〇二四）『在日米軍基地――米軍と国連軍、「2つの顔」の80年史』中央公論新社［中公新書］
楠綾子（二〇〇九）『吉田茂と安全保障政策の形成――日米の構想とその相互作用、1943～1952年』ミネルヴァ書房
楠綾子（二〇一七）「基地、再軍備、二国間安全保障関係の態様――1951年日米安全保障条約の法的意味とその理解」『年報政治学　2017–II』二二六―二四七頁。
河野康子・渡邉昭夫編著（二〇一六）『安全保障政策と戦後日本1972～1994――記憶と記録の中の日米安保』千倉書房
坂元一哉（二〇二〇）『日米同盟の絆――安保条約と相互性の模索【増補版】』有斐閣
佐竹知彦（二〇二一）「日豪『ミドルパワー協力』の可能性」『法學研究――法律・政治・社会』第九四巻第二号
庄司貴由（二〇一五）『自衛隊海外派遣と日本外交――冷戦後における人的貢献の模索』日本経済評論社
神保謙（二〇一一）『アジア太平洋の安全保障アーキテクチャ――地域安全保障の三層構造』日本評論社
神保謙（二〇一九）「インド太平洋の安全保障――戦略空間としての収斂」『国際問題』No. 687、七―一六頁
瀬川高央（二〇一六）『米ソ核軍縮交渉と日本外交――INF問題と西側の結束 1981–1987』北海道大学出版会
玉置敦彦（二〇二四）『帝国アメリカがゆずるとき――譲歩と圧力の非対称同盟』岩波書店
千々和泰明（二〇二一）『安全保障と防衛力の戦後史 1971～2010――「基盤的防衛力構想」の時代』千倉書房

長史隆（二〇二二）『「地球社会」時代の日米関係――「友好的競争」から「同盟」へ 1970–1980年』有志舎
中島琢磨（二〇一二）『沖縄返還と日米安保体制』有斐閣
西村熊雄（一九九九）『シリーズ戦後史の証言 占領と講和7 サンフランシスコ平和条約・日米安保条約』中央公論新社［中公文庫］
野添文彬（二〇一六）『沖縄返還後の日米安保――米軍基地をめぐる相克』吉川弘文館
波多野澄雄（二〇一〇）『歴史としての日米安保条約――機密外交記録が明かす「密約」の虚実』岩波書店
吉田茂（一九五七）『回想十年』新潮社
吉田真吾（二〇一二）『日米同盟の制度化――発展と深化の歴史過程』名古屋大学出版会
若月秀和（二〇一七）『冷戦の終焉と日本外交――鈴木・中曽根・竹下政権の外政 1980～1989年』千倉書房
Harold, Scott W., Derek Grossman, Brian Harding, Jeffrey W. Hornung, Gregory Poling, Jeffrey Smith, Meagan L. Smith. (2019) *The Thickening Web of Asian Security Cooperation: Deepening Defense Ties Among U.S. Allies and Partners in the Indo-Pacific*, RAND Cooperation.

〈ブックガイド〉

川名晋史（二〇一四）『在日米軍基地――米軍と国連軍、「2つの顔」の80年史』中央公論新社［中公新書］

米軍と国連軍が運用する在日米軍基地の実態を、占領期から二〇二〇年代までのおよそ八〇年間を対象に実証的に描き出している。なぜ日本に世界最大の米軍基地が存在するのか、その米軍基地がどのように運用されているのかを考える手がかりになる。

楠綾子（二〇〇九）『吉田茂と安全保障政策の形成――日米の構想とその相互作用、1943～1952年』ミネルヴァ書房米国への基地提供と自衛力の漸進的整備という日本の安全保障政策の選択が、占領から講和にかけての時期にどのようにして形成されたのかを明らかにした研究である。日米の安全保障協力関係の成り立ちを理解することができる。

坂元一哉（二〇二〇）『日米同盟の絆——安保条約と相互性の模索【増補版】』有斐閣

日米安保条約の締結から安保改定に至る過程を鮮やかに描き出した著作。条約における相互性の確保の問題を中心に、日米両政府がどのように新安保条約を設計したのかを理解することができる。

玉置敦彦（二〇一四）『帝国アメリカがゆずるとき——譲歩と圧力の非対称同盟』岩波書店

冷戦期にアジア太平洋地域でアメリカが結んだ同盟を包括的に分析し、同盟の機能やメカニズムを考察している。日米同盟を比較のなかで、またアメリカの地域戦略のなかで考えるために必要な視点を提供する。

吉田真吾（二〇一二）『同盟の制度化——発展と深化の歴史過程』名古屋大学出版会

日米の防衛・安全保障協力がどのように発展したか、一九五〇年代から一九七〇年代末までの時期を対象に分析する。政府間の対話・協議のメカニズムが「制度化」する様相が理解できる。

第2章　【国内政治と外交】日中関係をめぐる政治と外交

井上正也

1　日中関係を規定するもの

二一世紀に入って日本と中国は不安定な関係が続いている。かつては「政冷経熱」などと称された日中関係であるが、近年では相互に高い貿易依存度を保ちながらも、政治面では冷たい関係が常態化している。日中関係を規定してきた要因はいくつか存在する。第一は領土問題や歴史問題といった争点の存在である。これらの問題は、ナショナリズムと密接に関わるがゆえに解決が困難であり、しばしば両国が激しく対立する原因となった。

第二により構造的な要因として日中のパワーバランスの変化があげられる。二〇〇〇年当時の日本のGDPは中国の約四倍であり、経済面では日本の方が大国であった。ところが、二〇一〇年に中国が日本の

GDPを追い抜いた後、その差は一気に広がり、二〇二〇年には日本の二・九倍にまで拡大した。中国の経済力増大は当然ながら軍事力拡大にもつながった。二〇一〇年代に入ると、尖閣諸島をめぐる領有権問題が本格化するなかで、日本における安全保障上の最大の脅威は中国であることが明確になってきたのである。

一方、日中関係に影響を与える要因として、しばしば見落とされがちなのは国内政治である。伝統的に日本の国内政治は対中外交のあり方と相互に連関してきた。対中外交は日本の国内政治でしばしば大きな争点となり、逆に国内における権力闘争が対中外交に大きな影響をもたらすことも珍しくなかった。外交と国内政治の関係をめぐっては「政争は水際まで」(Politics should end at the water's edge) という格言がある。アメリカのアーサー・ヴァンデンバーグ上院議員が用いたこの言葉は、外交は与野党の対立や政争の具にすべきではなく超党派であたるべきだとする規範を示している。しかし、日本に限らずこうした格言は守られないことが常である。実際、日本においても日中国交正常化以前から、中国をめぐる様々な外交争点は、与野党間のみならず、与党・自由民主党(以下、自民党)内の権力闘争と連動してきた。

本章では吉田茂政権から第二次安倍政権までの時期を対象に、対中外交をめぐって政治権力のあり方がどのように変容してきたかを概観したい。なお、歴史認識問題は第4章で詳述されているが、本章でも政治権力をめぐる闘争という視点から靖国問題についても論じる。

2　日中関係と自民党政治

派閥政治と人民外交

一九四九年一〇月の中華人民共和国の建国と、翌年二月の中ソ友好同盟相互援助条約の締結は、ユーラシアにおける巨大な共産主義ブロックの誕生を意味した。一九五〇年六月に朝鮮戦争が勃発すると、米中対立を中心とするアジアでの東西対立は決定的となる。朝鮮戦争によって西側陣営における日本の戦略的価値が増大すると、アメリカを中心に日本に早期の講和独立を求める動きが本格化した。

こうしたなか、吉田茂政権は、サンフランシスコ平和条約と同時に日米安全保障条約を締結することで、独立後の日本本土への米軍の常時駐留の継続を受け入れることを決定した。また中国との関係についても、吉田政権は一九五二年四月、国共内戦に敗れて台湾に逃れた蔣介石の中華民国政府（以下、国府）との間で日華平和条約を締結した。この吉田政権の対応に中華人民共和国政府（以下、中国政府）は強く反発し、吉田政権の「中国敵視姿勢」を激しく批判した。かくして、日中両国は国交関係を持てない「不正常」な状態が一九七二年まで続いた。

一九五〇年代の日本国内では保革対立が激化する一途をたどった。こうした状況は一見すると中国の有利に働くように思われた。なぜなら、国内の分極化が進めば、中国による影響力工作が力を発揮する可能性が増すためである。一九五四年頃から中国は日本に対する「人民外交」を本格化させた。日中両国に国交がまだなかった時代、中国政府は日本国内の世論や民間団体、自民党の反主流派などへの働きかけ、世論や経済界からの圧力を通じて日本政府の中国政策を転換させようとした（井上 二〇一〇）。

たとえば、岸信介政権の日米安保条約改定に反対する安保闘争が盛り上がった際、中国政府は石橋湛山や松村謙三といった自民党内の反主流派の有力政治家を中国に招待した。中国に好意的な日本の世論を背景に、中国政府は自民党の派閥対立を利用することによって、岸政権の打倒につなげようと考えたのである。しかし、こうした派閥対立を利用した戦略はなかなかうまくいかなかった。なぜなら、自民党内で親中国の立場をとる政治家は、党内では少数派であり、自民党内の権力闘争に勝利できなかったからである。そのため「権力の敗者は北京を目指す」と親中国派を皮肉った言葉まで生まれることになった（井上 二〇一六）。

日中国交正常化と親中国派

こうした状況が大きく変化するのが一九七二年九月の日中国交正常化である。日中国交正常化は、田中角栄首相と大平正芳外相が中国を訪問して、わずか三泊四日という短期間の交渉で共同声明を発表した。田中と大平は国交正常化を機に日本政界における最大の中国の後ろ盾となった。

こうした特定の政治家を介して結びついた関係には功罪両方の側面があった。中国側にとっては、両国関係に何か問題があれば、自民党内で強い影響力を持つ田中・大平ラインを頼りにできた。だが、非公式ルートが公式を上回る影響力を持った結果、日中関係に問題が起こったときは、有力政治家が介入して不自然な政治決着で処理されることも珍しくなかった。かくして、有力な親中国派の政治家を軸にした「日中特殊関係」が形成されたのである。

一九七〇年代以降、田中と大平が日中関係で大きな影響力を持った理由は二つあった。第一は田中派支配である。田中は金脈問題のために首相を辞任し、その後、ロッキード事件で起訴された後も、自分の派閥を際限なく拡大させた。自民党最大派閥を率いる田中は、福田赳夫政権の幹事長であった大平正芳を支援して、一九七八年の自民党総裁予備選で福田を破った。そして、これ以後、中曽根政権に至るまでの歴代政権に「目白の闇将軍」として隠然たる力を持ち続けた。

第二に、一九七〇年代の国際環境のなかで、自民党内での親台湾派の存在感がなくなったことがあげられる。とりわけ、親台湾派に影響力を持つとされた福田赳夫首相が日中平和友好条約を締結したことで、中国問題が自民党内の派閥抗争と結びついた時代に終止符が打たれた。それによって、田中派や大平派が親中国派として活動できる余地が広がったといえる。

田中と大平によって作られた中国とのパイプは、やがて同じ派閥の実力者に継承されていく。田中角栄がロッキード事件によって表舞台に出られなくなった後、田中派における中国との窓口は二階堂進が担った。二階堂は内閣官房長官として田中訪中にも同行した。しかし、一九八四年の二階堂擁立工作の失敗もあって二階堂は影響力を失うことになる。その後、田中派で親中国派のパイプを担ったのは警察官僚出身の後藤田正晴であった。警察庁には様々な国内情報が集まり、その中には右翼団体の動向も含まれる。中国の要人が来日するときや駐日代表部が日本で活動するときに最も懸念されたのは右翼団体の動向であった。後藤田は、要人来日時の警備体制などの様々な面倒を見ていたことで中国側から信頼を得ていた。

一方、大平正芳の派閥である宏池会でも同じようなパイプが継承された。大平が一九八〇年の選挙戦のさなかに死去すると、大平の盟友・伊東正義が親中国派の流れを継承した。鈴木善幸政権で外務大臣を務めた伊東は、日中民間人会議の開催に尽力し、日中友好人脈を次の世代に継承しようと努力した（井上二〇一六）。

一九八〇年代の日中関係

親中国派の有力政治家が最も存在感を示したのは一九八〇年代である。鈴木善幸内閣当時の一九八二年七月に第一次教科書問題が起こった。日本の教科書における中国に対する戦争の記述が「侵略」から「進出」に書き換えられたと報じられた事件である。この報道は日中関係において大きな問題となった。

日本側では、宮沢喜一内閣官房長官が橋本恕情報文化局長に問題の処理を委ねた。橋本は、日中国交正常化の際の（アジア局）中国課長であり、その後も実務面で親中国派の政治家を支えてきた外務省チャイナ・スクールの実力者である。田中角栄に近かったのみならず中国側からも厚い信頼を得ていた橋本が実質的に官房長官談話を起草した。橋本は中国側の意向を探った上で双方が受け入れられる表現で談話を作成した。歴史問題は対応を誤れば大きな対立へと発展する危険性があった。だが、チャイナ・スクールが水面下で中国側と協議を重ねることで、日中関係の対立が拡大することを阻止し、巧みな危機管理を行ったのである（江藤 二〇一二）。

歴史をめぐる問題はその後も続いた。中曽根康弘政権期には靖国参拝問題が起こっている。中曽根首相は日本国憲法を改正して、それまでの戦後の様々なタブーを脱却したいと考えていた。中曽根が戦後の首相として初めて靖国神社への公式参拝を行ったのもその一環だった。だが、中国側の激しい反発もあって靖国参拝は一度限りに終わる。それには中曽根政権の内閣官房長官であった後藤田の反対も大きかったといわれている。

一九八〇年代の日中関係は良好のように見えて、靖国や教科書などの歴史認識問題が噴出し始めていた。しかし、これらの争点が大きな対立に発展しなかったのは、親中国派の有力政治家による安定した政治基盤と、それをバックにした実務家が裏方として支える調整メカニズムが機能していたからであった。

経世会支配と中国

ところが田中派支配は長くは続かなかった。一九八五年に竹下登が田中から離反して経世会を立ち上げ、田中は間もなく病気で倒れた。中国側にとっての大きな課題は、これまで田中派を中心にした自民党とのパイプをいかに維持していくかであった。結果的に中国側の心配は杞憂に終わり、後継者の竹下も親中国路線を継続した。竹下が重視したのは対中ODA（政府開発援助）である。ODAは日本からの経済協力を求める中国と、中国への市場拡大を狙う日本の思惑が一致して大きく発展し、日中関係の安定要因となった。一九八八年八月に竹下は訪中して、これまでの第二次円借款の一・五倍にあたる総額八一〇〇億円の第三次円借款供与を決定した。経済大国となった日本に対して、一層の国際貢献が求められるなかで、竹下は対中経済協力に積極的であった。

一方、竹下もまた田中と同じように歴代政権を裏から支配する手法をとった。いわゆる経世会支配である。竹下は一九八八年に発覚したリクルート事件で首相を辞任したが、その後も派閥基盤の弱い総理大臣を立てることで、政治を裏からコントロールし続けた。こうした二重権力構造のなかで、中国側は経世会を軸に政界工作を行えば、田中派時代と同じように影響力を行使できたといえる。

冷戦の終結によって国際環境が大きく変化するなか、経世会の存在は中国にとって大きな外交資源であった。一九八九年六月に天安門事件が発生すると、学生運動への弾圧を重大な人権問題と見なした欧米諸国は一斉に中国への援助を停止した。日本もこれにならって第三次円借款を凍結している。しかし、その後に国際社会に先駆けて援助凍結を解除したのは日本だった。中国側は各国からの制裁解除を実現するために、まず日本の対応を重視し、政界工作を強化して援助凍結解除を働きかけた。日本国内でも中国を国際社会からの孤立に追い込み、改革開放政策を後退させることは避けたいという声が強かった。

また一九九二年には天皇（現・上皇）の訪中が実現した。天皇訪中は中国側の悲願でもあった。この天皇訪中の直前に田中角栄が中国を訪れている。田中はこの時政界を引退してすでに影響力を失っていたが、中国側は田中を手厚く歓迎した。中国政府は同時に経世会の最高幹部だった金丸信などを通じ、天皇訪中の実現を働きかけた。

中国側にとって天皇訪中には二つの狙いがあった。一つめは日中間の歴史問題である。天皇が中国を訪れることで両国の歴史的和解のはじまりにしようとしていた。もう一つは西側諸国の対中国制裁の突破口にする狙いである。中国側はそのために日本の政界工作に全力を傾けたのである（城山 二〇〇九、杉浦 二〇一二）。

政界再編と経世会の黄昏《たそがれ》

天皇訪中が実現したとき、経世会支配にも終わりが訪れようとしていた。一九九二年に東京佐川急便事件が発覚して政治不信が強まり、経世会から羽田孜・小沢一郎グループが離脱して同会は分裂した。その後同グループは自民党からも離党し、これを機に細川護煕を首班とする非自民連立政権が発足して、ついに五五年体制は終焉を迎えた。しかし、非自民連立政権は長続きせず、まもなく自民党と社会党、新党さきがけの連立による村山富市政権が発足した。

政界再編が進むなかで、日本の歴史認識問題に関しても大きな変化があった。いわゆる「村山談話」の発表である。この「村山談話」の中核部分を起草したのは外務省チャイナ・スクールの谷野作太郎内閣外政審議室長であった。「村山談話」が歴史に真摯に向き合い、韓国・中国に対して反省の意を示すスタンスをとったことは、かつての「宮沢談話」からの連続性が見られる。しかし、村山政権がこの談話を出したことは、自民党内の保守派からの反発を招いた。

この頃から政界では保守派の動きが活発になり、過剰なイデオロギーやナショナリズムを強調することで、国民の支持を得ようとする政治家が目立つようになった。そして、こうした政治家の発言が中国や韓国で報道されることで、歴史認識問題をめぐる対日感情の悪化をもたらす現象が顕著になった（波多野 二〇二二）。

自民党における利益政治の崩壊プロセスは反経世会の潮流の広がりと重なっている。そして、経世会支配の終焉は、中国にとっても最大の後ろ盾の消滅を意味した。こうしたなかで、一九九〇年代後半に新時代の日中関係のあり方を考えていたのが橋本龍太郎だった。経世会出身の橋本は利益政治を知り尽くした政治家であった。だが、選挙制度が変わり、政治資金を最も集めた者が派閥を率い、派閥力学のなかで総裁選を勝ち抜いた者が首相になるやり方は通用しなくなってきた。

橋本にとっての大きな難問は靖国神社参拝問題であった。橋本は戦没者遺族を中心に構成された日本遺族会という圧力団体からの支援を受けていた。もともと厚生大臣を務めたこともあり、遺族年金問題などで日本遺族会との関わりの強かった橋本は、彼らの支持を取り付けるために靖国神社に参拝する必要があった。しかし、首相になった橋本は、国内支持調達と日中関係のどちらを選ぶかで苦しみ、最終的に中曽根と同じく一度だけの参拝にとどめるという折衷的な選択をせざるを得なかった。

さらに一九九五年から翌年にかけて台湾海峡危機が起こった。同じ頃、日米防衛協力のための指針(ガイドライン)を改定して、日本の周辺有事に備える流れが出てきていた。かくして、安全保障をめぐる問題が日中関係にも浮上してくることになる。

橋本自身は中国にあまりよい感情を持っていなかった。しかし、二一世紀を目前に控えて、これまでの友好一辺倒と異なる新しい関係をいかにして中国と築いていくかを考えていた。橋本がとりわけ力を入れたのは日中防衛交流である。古い友好人脈が姿を消し、中国が徐々に軍事的に台頭してくるなかで、実務レベルの交流深化を通じて両国の信頼醸成を図ろうとしたのである(橋本 二〇一三)。

だが、景気低迷のなかで参議院選挙に惨敗した橋本は志半ばで退陣し、代わって外相の小渕恵三が首相になった。小渕政権下では江沢民国家主席が一九九八年一一月に訪日し、歴史問題に対する日本の姿勢を執拗に批判した。このため日本の対中イメージも大きく悪化していく。その小渕首相も首相在任中に病気に倒れ、二〇〇〇年五月に亡くなり、そのほぼ一か月後に竹下登も病没した。経世会は有力者が相次いで世を去ることで、その権力基盤にも急速に陰りが見えるようになってきたのである。

3　小泉・安倍政権と日中関係

小泉純一郎政権と経世会の攻防

二〇〇一年四月の小泉純一郎政権の誕生は経世会の凋落を決定づけた。「自民党をぶっ壊す」と宣言した小泉が実際に攻撃の焦点に合わせたのは経世会支配であった。この小泉政権以降、福田赳夫を源流とする清和政策研究会（以下、清和会）出身の政治家たちが日本政治の中心となった。

外交よりも財政再建と行政改革に強い関心を持っていた小泉の首相就任は、日中関係にも影響を及ぼした。最大の争点はここでも靖国参拝問題であった。小泉はもともと靖国問題に強い関心があったわけではない。だが、自民党総裁選の最中に、首相になったときには靖国神社を八月一五日に公式参拝すると発言したことから、この問題が再び注目された。

小泉が靖国参拝に固執したのは二つの要因があった。第一は、中国の要求に屈しない姿勢を示すという考えである。第二に、日本遺族会からの支持を得るためである。小泉は靖国参拝を強行することで、一度の私的参拝にとどめたライバルの橋本首相との違いを強調できた。中国に譲歩しない姿勢を示すことで、最大の政敵たる橋本の支持基盤である遺族会を切り崩す狙いもあった。

この時期の日中関係における重要な変化は、小泉の靖国参拝を押し止めることのできる有力な両国間のパイプが失われていたことだった。中国側は様々なルートを通じて小泉参拝の自粛を働きかけた。日中間で水面下の話し合いが行われた結果、八月一五日を避けて八月一八日に参拝するという取引が成立した。ところが、こうした懸命の努力にもかかわらず、小泉首相は予定を前倒しして八月一三日に靖国参拝を行ったのである。

小泉の靖国参拝を阻止できずメンツを潰された形となったが、中国側は対日批判をまだ抑制していた。同年九月に小泉が訪中し、盧溝橋にある中国人民抗日戦争記念館を、日本の首相として初めて訪問して献花を行った。これによって歴史認識をめぐる対立も一時は沈静化した。また二〇〇二年四月、小泉は海南島で開かれたボアオ・アジア・フォーラムで朱鎔基国務院総理と会談し、日中経済パートナーシップを事務レベルで設置すること、さらに秋の日中国交正常化三〇周年における小泉首相の中国公式訪問が話題にのぼった。

ところが、この会談から九日後に小泉は春季例大祭で靖国神社に二度目の参拝を行った。そのため、国交正常化三〇周年の小泉訪中は中止となり、以後、小泉退陣まで日中両国首脳の相互訪問は断絶したのである（讀賣新聞政治部編 二〇〇六）。

日中関係が悪化するなか、経世会も関係改善に貢献できる余力はなかった。小泉の反経世会姿勢に加えて、政治資金規制法や小選挙区制度の導入によって、派閥そのものが弱体の一途をたどっていた。派閥に頼らず総裁選に勝利した小泉首相は、組閣人事に際しても派閥の影響力を無視することができた。

一方、一九九〇年代から進められてきた政治改革・統治機構改革も、中国側による従来の有力派閥指導者を軸にした政界工作を無力化させた。二〇〇一年の中央省庁再編で、首相の重要政策に関する主導権が強化された。小泉政権はこの統治機構改革の恩恵を最初に享受した政権であり、官邸主導外交を可能とする制度が整いつつあった。そのため中国側がいかに親中国派を通じた工作を展開しても、首相の外交方針を変えることは難しくなっていた（竹中 二〇〇六）。

経世会の利権と関わりの深い対中ODAも転換期を迎えていた。一九九〇年代以降、世論の批判にさらされながらも、対中ODA供与額は拡大し続け、ピークの二〇〇〇年度には総額二二七三億円に達した。しかし、二〇〇〇年五月に日本政府は対中ODAの見直しに着手した。小泉政権が成立した後も対中ODAの削減は続けられ、二〇〇三年度には総額一〇八〇億円とピーク時の半分以下となった。

小泉政権は経世会の影響力の源泉であった人事権と利権の双方を根底から掘り崩した。経世会の凋落は外務省チャイナ・スクール批判へと波及した。その発端となったのは二〇〇二年五月の瀋陽日本総領事館への北朝鮮人亡命者駆け込み事件であった。前年から外務省機密費流用事件や、田中真紀子外相更迭などの外務省スキャンダルが報じられるなかで発生した瀋陽事件は、国内の保守派やメディアからの激しい批判にさらされた（清水 二〇〇三）。

絶大な力を誇った経世会もこのように昔日の力はなくなり、小泉政権の対中政策に影響を及ぼせなくなっていた。そして、小泉が長期政権を確立する過程で、残された経世会幹部も政治の表舞台から姿を消していく。竹下と小渕亡き後、経世会の最大の実力者は野中広務であった。自民党内で反小泉の筆頭であった野中は、経世会内部をまとめきれず、自らの擁立した候補が二〇〇三年の総裁選挙で小泉に大敗した後、自らも政界引退を表明した。この総裁選はかつて鉄の団結を誇った経世会の落日を象徴していた。そして、橋本龍太郎も翌年の日歯連闇献金事件によって派閥会長を辞任し、政界引退に追い込まれ、再び復帰することなく二〇〇六年に病没した。

一方、自民党の他派閥で中国とのパイプを持っていた政治家も次々と政界から姿を消した。加藤紘一は二〇〇〇年の「加藤の乱」の失敗ですでに影響力を失っていたが、二〇〇二年三月に秘書の逮捕を受けて宏池会会長を辞任した。山﨑拓も二〇〇三年九月に自民党副総裁に棚上げされて実権を失った後、同年の総選挙で落選した。小泉政権期において、かつての親中国派の流れを汲む有力派閥の指導者は、ことごとく政治の第一線から姿を消したのである。

安倍晋三と歴史認識問題

日本の対中戦略を考えるとき田中角栄と並んで重要な人物は安倍晋三であろう。小泉首相が退陣した後、安倍が組閣した第一次政権（二〇〇六～二〇〇七年）は短命に終わったが、第二次政権（二〇一二～二〇二〇年）は長期政権となり、結果として憲政史上最長の政権となった。安倍が首相を務めた時期は、まさに中国が日本のGDPを抜き去り急速に大国化していった時期と重なる。安倍政権は、短期間で超大国化した中国に対して、これまでの様々な対中政策を一つのパッケージとして束ねることによって、初めて日本の対中戦略を体系化したといえよう。

安倍が政界入りした一九九三年は、まさに歴史認識をめぐる国内対立が本格化した時期であった。一九九五年六月、村山政権下で戦後五〇年の国会決議「歴史を教訓に平和への決意を新たにする決議」の採択が行われた際、自民党内では「侵略」という歴史解釈が確定されることへの強い反発が起こった。河野洋平率いる自民党執行部はこの決議案に合意したが、国会の採決では、党内から五〇名にのぼる欠席者が出た。当時、新人議員であった安倍もその一人である。安倍はこの決議に反対する急先鋒であり、衆議院本会議の採決で反対を表明しようと考えていた。だが、同じ清和会に所属していた小泉純一郎が諫めたこともあって、本会議での反対はせずに欠席にとどめたという（讀賣新聞政治部編 二〇一五）。

この国会決議を受けて、村山富市首相は、一九九五年八月の戦後五〇周年でいわゆる「村山談話」を発表した。だが、この村山談話の発表を受けて、自民党内の保守派は、歴史認識問題をめぐって強い危機感を抱くようになった。

このように安倍は、若手議員ながら、歴史問題をめぐって強硬姿勢を示したことで注目を集めた。この安倍を後押ししたのが日本会議である。日本会議は一九九七年五月にいくつかの保守系団体が統合されて成立した。日本会議は安倍政権の黒幕としばしば評されたが、実際には様々な保守系団体の寄り合い所帯に過ぎなかった。しかし、日本会議の運動方針は巧みであった。各界の著名人を取り込み、地方支部を足がかりに地方議会での決議を働きかけ、街頭での署名活動を積極的に行うなど、自らの団体の影響力が多方面に及んでいるかのように演出した。その結果、実態以上に組織を大きく見せることに成功したのである（藤生 二〇一七）。

日本会議の発足に合わせて、国会でも日本会議議員懇談会が設立された。国会ではこれまでにも元号法や戦後五〇年をめぐって、その都度、有志による議員連盟が結成されていた。だが、日本会議議員懇談会は常設の組織であり、日本会議の運動と恒常的に連携する体制が構築された。安倍はこの議員懇談会の「外交・領土問題プロジェクト」の座長を務め、設立当初から運動にコミットしている。

日本会議を中心とする保守派の運動の柱となったのは教育問題であった。一九九六年一二月には藤岡信勝東大教授らを中心に「新しい歴史教科書をつくる会」が発足し、既存の中学歴史教科書は「東京裁判史観」に毒されているとして、「自由主義史観」に基づく教科書作成を訴えるようになった。安倍もまたこの運動に連動して、一九九七年二月に中川昭一、衛藤晟一らと共に歴史教科書の修正を求める議員連盟「日本の前途と歴史教育を考える若手議員の会」を結成し、自ら事務局長に就任している（藤生 二〇一七）。

保守派が当初批判の対象としたのは、言論界や教育界などで影響力を持っていた左派リベラルであった。しかし、教科書問題が中国や韓国との歴史認識問題として国際化していくにつれて、彼らは、歴史問題を「政治カード」として用いる中国や韓国も批判の対象にするようになる。

一九九八年一〇月、安倍は日本会議の機関誌『祖国と青年』のインタビューに応じている。このインタビューで、安倍は歴史認識問題に関して、二国間の歴史認識が完全に一致することは不可能であり、過去の歴史問題が政治の道具として使われていると警鐘を鳴らした。そして、歴史認識問題を終わらせるためには、「我が国政府が『過去の問題について今後一切触れない』と決意する……極めて評判が悪くて叩かれるかもしれないが、それでも押し通す。この最初の難関を突破すれば、その後は、もうそういう問題は出ませんよ」と語っている（安倍 一九九八）。

この翌月、前述したように江沢民が中国の国家主席として初めて日本を訪問する。この訪日に際して、中国側は、日本政府に過去の戦争に対する「謝罪」の表現を共同宣言に盛り込むことを求めた。この背景には直前の一〇月に発表された日韓共同宣言があった。日韓の歴史和解を目指した小渕恵三政権は、金大中大統領の訪日に際して、韓国に対する日本の植民地支配についての「心からのお詫び」を文言に入れた日韓共同宣言に署名していたのである。そのため、中国側も韓国と同じく文書での謝罪を日本側に要求した。だが、日本側は一九七二年の日中共同声明ですでに謝罪は終了したとして、これを拒否し、小渕首相の口頭による「おわび」の表明にとどめたのである。この日本側の対応に不満を抱いた江沢民は、首脳会談で前例のない厳しい姿勢をとり、訪問した日本各地でも歴史認識問題を強調し続けた。そのため、日本国内に強い反発を引き起こした（清水 二〇〇三）。

以上に見るように、一九九〇年代後半に歴史認識問題が国際問題となり、日本国内での中国への反発が強まっていた。安倍はナショナリストの立場を強調して、歴史認識問題について毅然とした姿勢をとることで、保守層の支持を集めるようになったのである。

政治家としての安倍晋三を考えるときに重要なのは、ナショナリストの顔に加えて、「外交通」としての顔である。安倍と外交との関わりは、父・安倍晋太郎の外務大臣秘書官を務めた時代にまでさかのぼる。この秘書官を務めた時期に築いた外務官僚との人脈が、後年に安倍外交を展開する際の重要な基盤となった（星 二〇〇六）。

安倍は、北朝鮮拉致問題に早くから取り組み、小泉純一郎政権下では内閣官房副長官に起用されて日朝交渉にも関わった。この拉致問題への取り組みと日朝交渉における安倍の強い姿勢が、彼に対する国民的人気を高めた。安倍は外交問題で存在感を示し、世論の人気を背景にポスト小泉の有力候補として、党内で急速に頭角を現してきたのである。

ところが、安倍が政権に近づくにつれて、保守派の期待を一身に背負ったナショナリストと、現実主義的な外交政策を重視する「外交通」の間に矛盾が生じた。

「戦後レジームからの脱却」

安倍のナショナリストとしての側面が強く表れたのが、彼が二〇〇六年の自民党総裁選に立候補する直前に表明した「戦後レジームからの脱却」という言葉である。安倍は、日本がサンフランシスコ平和条約で主権を回復したが、日本国憲法や教育基本法に代表される戦後日本の枠組みは、占領時代に作られたものであるとして、「国の骨格は日本自らの手で、白地から作り出さねばならない」と主張した。安倍は「戦後レジーム」から脱却することが、日本にとって最大のテーマであるとして、自らの政権の目標を規定したのである（安倍 二〇〇六、東郷 二〇一五）。

安倍が語った「戦後レジーム」とは、憲法や教育基本法のように占領下に制定された法制度を指すものであった。彼の念頭にあったのは、専ら国内政治の文脈であり、いわゆる「左派」との対決であった。とはいえ、安倍の語る「戦後レジーム」は、そもそも第二次世界大戦後にアメリカを主体とする連合国軍の占領管理下で形成されたものである。それゆえ、「戦後レジームからの脱却」を掲げることは、アメリカ主導の国際秩序からの脱却を目指す「対米独立」と理解される可能性があった。

日米安保を基軸とする外交路線をよく理解する安倍は、実際には既存の国際秩序に挑戦する意思は持っていなかった。にもかかわらず、「戦後レジームからの脱却」という言葉は、安倍政権のイデオロギーを象徴するものとして捉えられた。安倍が自らの歴史認識が外交へは影響を及ぼさないことをいくら強調しても、これまで「村山談話」に反発し、靖国参拝に前向きであったという事実は否定できなかった。

実際、安倍を支持していた保守派の中には、戦前・戦中のアジア諸国への加害を強調してきた歴史を「自虐史観」として非難する者も少なくなかった。安倍の掲げた「戦後レジームからの脱却」という言葉は、あたかも彼が戦後日本の「平和国家」の歩みを否定し、国際秩序への挑戦を試みる「過激な右派ナショナリスト」であるかのような印象を周囲に与えたのである（鈴木 二〇一七）。

第一次安倍政権の挫折

二〇〇六年九月、小泉政権の後を受けて、第一次安倍政権が発足し、安倍は戦後最年少で総理大臣に就任した。「外交通」であった安倍は歴代政権に比べて特に外交政策に力を入れた。たとえば、第一次政権下で麻生太郎外相が示した「価値観外交」と「自由と繁栄の弧」は、日本が初めて重視すべき価値観と地域を明確に打ち出した外交戦略として知られている。

「価値観外交」とは、外交の展開に際して、民主主義、自由、人権、法の支配、市場経済といった普遍的価値を重視する考え方である。一方、「自由と繁栄の弧」は、北東アジアから、中央アジア・コーカサス、トルコを経て中東欧、バルト諸国までの地域を指しており、これらの地域に日本が経済や民政分野での支援を強化することを意図したものであった。第一次安倍政権発足時の外務事務次官だった谷内正太郎は、これらの構想は中国を封じ込めるというよりも、自由と繁栄を求める国々に対して非軍事的領域で「伴走者として支援」する狙いがあったと語っている（渡邉他 二〇一二）。

中国に対する安倍自身の認識は厳しかったにもかかわらず、結果として、第一次安倍政権の対中政策は柔軟なものとなった。なぜなら、小泉政権下で悪化した日中関係を正常な軌道へ戻すことは、日本外交にとって急務であったためである。対中外交を主導したのは谷内次官であった。谷内は戴秉国中央外事弁公室主任と水面下で折衝を重ねた。その結果、二〇〇六年一〇月、安倍は最初の外遊先として中国を訪れ、関係改善を演出することに成功したのである（讀賣新聞政治部編 二〇〇八）。

安倍訪中の焦点となったのはやはり靖国問題であった。靖国問題をめぐっては、国内では日本会議が「小泉首相の靖国神社参拝を支持する国民の会」を発足させ、運動を大きく盛り上げていた。安倍が首相に就任する前年には、終戦六〇年を契機に「靖国神社二〇万参拝運動」（日本会議サイト）を展開しており、これまでになく運動が高揚していた。

これに対して安倍は最後まで靖国神社を参拝するかどうかを明言することなく訪中を乗り切ろうと考えていた。安倍は首相退任後のインタビューで、「私は『靖国に行かない』とは絶対に言わない。雰囲気として『安倍は行かないだろう』と中国に思わせればいい。中国はそれ以上、靖国に対して日本にとやかく言わない。そうした暗黙の了解ができれば、関係改善は可能だと思った」と回顧している。安倍が「冷凍庫路線」と呼んだこの路線は成功した。結果的に中国側は参拝断念の確約を日本から取りつけることなく、安倍訪中を受け入れることを承諾した。それによって安倍自身も参拝を見送ることを決断したのである（安倍 二〇二三）。

中国側の圧力に屈した形でなかったとはいえ、安倍の参拝自粛は、彼の支持勢力である保守派からの反発を受ける危険性が高かった。しかし、安倍は日中関係改善を重視するために現実主義的な判断を下したのである。

外交政策で順調なスタートを切った安倍内閣は、国内政治でも「戦後レジームからの脱却」を進めるべく、矢継ぎ早に新たな法律制定を進めた。国会では改正教育基本法、防衛省昇格関連法を相次いで成立させている。

しかし、安倍は自らの理念の実現に意欲を燃やす反面、第一次政権の運営では未熟な点が多かった。政権発足の三か月後から、政権関係者や閣僚によるスキャンダルが相次いで発生した。さらに年金記録問題が深刻な政治問題として浮上した。

一方、安倍の歴史認識は、中国のみならずアメリカでも問題視された。米下院で日本政府に慰安婦問題の謝罪を求める超党派による決議案が提出されたのである。安倍政権はこれに強く反発し、安倍自身も国会答弁で官憲による強制連行は存在しなかったことを強調した。そのことはかえって米メディアの批判を招いた（讀賣新聞政治部編 二〇〇八）。

結果として、第一次政権の安倍は多くのものを同時に追求しようとして失敗した。小泉政権下で悪化した日中関係の修復、「自由と繁栄の弧」と「価値観外交」の展開、戦略外交とナショナリズムの両立をすべて実現するのは困難であった（佐橋 二〇一七）。第一次政権の崩壊は、二〇〇七年七月の参議院選挙での大敗から始まった。自民党は結党以来続けてきた参議院第一党の地位を民主党に明け渡した。そして、自身の健康問題で進退窮まった安倍政権は同年九月に総辞職した。

第二次安倍政権と靖国問題をめぐる攻防

二〇〇〇年代以降の日本の対中外交の大きな特徴は、いかなる政権であっても国内世論の圧力を無視できなくなった点である。歴史問題をめぐる対立もあって、中国へのネガティブな感情は国内世論に広く共有されるようになった。かつての保守と革新の枠組みが崩れるなかで、対外硬的な主張によって世論の注目を集めようとするポピュリズム的思想も強まってきた。

二〇〇九年に成立した民主党政権は、中国との間で領土問題という新たな課題に直面した。二〇一〇年には尖閣沖で中国漁船衝突事件が起こり、日本側が中国人船長を逮捕・拘留した。しかし、従来の日中の意思疎通のパイプが機能せず、中国側が猛反発し、結果的に政治判断によって船長を釈放せざるを得なかった。

さらに日中関係を決定的に悪化させたのは尖閣国有化問題であった。石原慎太郎東京都知事が尖閣諸島を都が買い取る方針であると表明した。保守派の石原都知事が尖閣諸島を先行取得すれば、民主党政権は弱腰だという世論の批判を受けかねない状況であった。そのため、野田佳彦首相は毅然たる姿勢を示すために、最終的に尖閣諸島の国有化を閣議決定した。しかし、この決定に中国側は猛反発して、中国国内で大規模な反日デモが起こり、尖閣周辺に監視船や航空機を送り込むようになった。民主党政権は、普天間基地移設問題で日米関係につまずき、さらに日中関係も不安定化させたままで幕引きを迎えたのである（宮城 二〇一六、春原 二〇一六）。

民主党政権の失敗は安倍の復権を導いた。第一次政権を退陣した後、失意の安倍を助けたのは、それまで彼を支えてきた保守派の人脈であった。安倍が第一次政権を退陣した後の二〇〇七年一二月、超党派による議員連盟「真・保守政策研究会」が発足した。会長には安倍の盟友である中川昭一が就任した。この研究会のメンバーは、安倍退陣後、同じ保守的な理念を引き継ぐ中川を首班とした政権を目指していた。しかし、中川は二〇〇九年の総選挙で落選してまもなく死去したために安倍が会長に就任する。同会は二〇一〇年二月に「創生『日本』」と改称して、安倍の復権を支援するようになった（藤生 二〇一七）。

二〇一二年一一月の総選挙で民主党が大敗すると安倍は再び首相へと返り咲いた。一二月に発足した第二次安倍政権は、まず「戦後レジームからの脱却」という言葉を事実上封印した。その上で長引くデフレと不況から脱却するために、大規模な金融緩和とインフレ目標の設定による経済成長重視路線をとった。本来目指していた安全保障や憲法改正問題に取り組むためには、まず景気を浮揚させて国民の支持基盤を固める必要があると安倍は考えていたのである。

第二次政権は発足直後から精力的な活動を展開した。安倍は外交面において、新たに「地球儀俯瞰外交」を掲げて積極的に外国訪問を行った。さらに安全保障政策では対米協力路線を強化し、防衛予算の増額、防衛装備品三原則の策定などを矢継ぎ早に実現させている。

一方、難しい対応を迫られたのが靖国参拝問題であった。前述したように、第一次政権退陣後、失意の安倍を支えたのは保守派であった。とりわけ、靖国参拝を主張し、中国や韓国への強硬姿勢を訴える「強硬保守」は、安倍の強力な支持母体であった。政権に返り咲いた安倍にとって、彼らの期待を全く無視することは難しかった（田﨑 二〇一四）。

総理官邸で安倍を支える側近たちは、安倍がナショナリストとしての側面を強調すれば、確実に外交面に悪影響を及ぼすと考えていた。第二次政権発足後、安倍は参拝の機会をうかがっていた。一度目は二〇一二年一二月の政権発足直後であり、このときは今井尚哉総理秘書官の反対によって断念した。二度目は二〇一三年一〇月の秋の例大祭であるが、ここでも菅義偉内閣官房長官ら官邸スタッフの反対によって参拝を断念している。安倍側近が最も恐れたのは日米関係への波及であった。オバマ政権は、依然として安倍を「戦後レジームからの脱却を目指すウルトラナショナリスト」とみなしていた。

二〇一三年一二月の安倍靖国参拝は、支持母体の保守派に成果を誇示したい安倍と、外交関係への影響を懸念する側近たちとの駆け引きの結果であった。安倍にすれば、靖国参拝をこれ以上遅らせれば、支持母体が政権批判に転じる可能性があった。安倍は中韓からの批判は覚悟の上で、側近たちの反対を振り切って参拝したのである。

これに対する中国からの反発は、日本側が予想した以上であった。中国政府は韓国との反日連携を強化し、国際的な日本批判のキャンペーンを展開した。それは靖国参拝を契機に安倍が「戦後秩序否定の第一歩」を歩み始めたという内容であった。中国は、戦後国際秩序を破壊する「軍国主義者」として安倍政権を批判することで、日本包囲網を強めようと画策していたのである（讀賣新聞政治部編 二〇一五）。

さらに日本にとって予想外であったのは、中韓両国に続いてアメリカのオバマ政権も直ちに日本批判の声明を発表したことである。このように歴史認識問題は、今や日中・日韓関係に限定された問題ではなく、同盟国アメリカを巻き込む国際問題になりつつあった。

安全保障と歴史認識

安倍外交が戦略を重視したものへと変化するのは二〇一四年以降である。この背景には、日本を取り巻く安全保障環境の急激な悪化が挙げられる。

中国の南シナ海における海洋進出の本格化はアメリカの対中政策を転換させた。オバマ政権は二〇一一年一一月に世界戦略を見直し、アジア太平洋地域を重視するリバランス戦略を打ち出し、国防予算を削減する一方、同地域に対する軍事力の重点配備、日本、韓国、オーストラリアなどの同盟国との提携強化に乗り出していた（鈴木 二〇一七）。

一方、日中関係では前述した尖閣国有化問題を契機に、中国側の公船が尖閣沖に出現するようになり、また中国側が東シナ海での防空識別圏を設定するなど、戦後初めて中国の存在が日本の安全保障における深刻な脅威として浮上してきていた。

また北朝鮮も、弾道ミサイルの発射実験を繰り返し、二〇一三年二月には三回目の核実験を強行して挑発行動を繰り返していた。

中国や北朝鮮の軍事的台頭を前に、日本は本格的な外交・安全保障戦略の策定を急がねばならなかった。それゆえ、第二次安倍政権は、二〇一三年七月に外交・安全保障の司令塔となる国家安全保障会議を創設し、外交・防衛に関する基本方針を定めた国家安全保障戦略を初めて策定した。

一方、国内政治の観点から見ると、靖国参拝を果たしたことで、安倍は支持母体である保守派の面目を立てることができた。その結果、逆説的ながら、保守派の批判にとらわれずに戦略的な外交を展開する余地が生まれた。

また中国脅威論の高まりは安倍政権への追い風になった。中国側が国際的に展開した対日批判キャンペーンは、安倍の政権基盤を揺るがすに至らなかった。この時期、革新勢力の弱体化によって、日本の保革対立に乗じた中国の影響力工作もほとんど効果がなくなりつつあった。また日本人の大半が過去の戦争を知らない世代になり、戦争の贖罪意識を訴えかけることも困難になりつつあった。日本の国内世論では歴史認識で批判を繰り返す中韓両国への批判が強まっていた。さらに尖閣問題は日本人の領土ナショナリズムを強く喚起した。保守派のみならず広く一般世論の反中意識が高まるなかで、中国が歴史認識問題で安倍政権を攻撃しても、政権基盤を弱めるどころか、逆に毅然とした姿勢をとる安倍政権への支持を強める結果になったのである。

とはいえ、戦後最悪の状況に陥っていた日中関係をそのまま放置しておくわけにはいかなかった。日本に求められていたのは、中国の脅威に対抗するために、安全保障の枠組みを整えると同時に、緊張が続く日中関係を一刻も早く正常な軌道に戻すことであった。日本国内の保守派や世論に迎合して、これ以上歴史認識問題で対外関係をこじらせることは、日米同盟の信頼性を損ない、国際世論的にも中国の利益になることは明らかであった（鈴木 二〇一七）。

それゆえ、二〇一四年以降、保守勢力の対中強硬論の高まりにもかかわらず、安倍外交のナショナリスティックな側面は抑制された。代わって政府内で議論の主流となったのは、歴史認識と安全保障問題の分離であった。実際、二〇一三年に国家安全保障局の初代局長に就任した谷内正太郎は、第二次政権の発足に際して、自らが執筆した覚書を安倍首相に示している。それは政権の大目標である憲法改正を成し遂げるためには、「保守の純化路線」では達成はかなわず、「政治のウィングを左サイドに広げる必要がある」という内容であった。その上で谷内は安倍に「安全保障の分野に歴史問題を持ち込むべきではない。切り離して考える必要がある」と進言したのである（谷内・手嶋 二〇二三）。

安倍政権による対中関係正常化の試みは二〇一四年六月の福田康夫元総理の訪中から始まった。福田は翌月にも谷内と共に訪中し、中国側との調整を進めた。その後、外務省の実務レベルによる日中協議が重ねられて、最終的に「四項目合意」が作成された。日中両国の合意は、歴史問題や領土問題など両国が抱えていた多くの争点を玉虫色に処理するものであった。この合意を踏まえて、一一月に安倍・習近平会談が行われた。

その後、一二月一四日の衆議院総選挙で自民党が大勝し、安倍政権は長期政権の基盤を固めた。これを受けて、中国側も安倍政権の継続を前提とした対日政策に転換し始め、反日キャンペーンもまた沈静化していった（鈴木 二〇一七）。

安倍談話の誕生

歴史認識問題に対する安倍政権の総括といえるのが、二〇一五年八月に発表された「戦後七〇年首相談話」である。戦後五〇年の「村山談話」に始まり、一〇年ごとに発表されてきた首相談話は、その時々の国際環境や首相自身の歴史認識が反映されたものであり、国内外から注目を集めていた。日本のマスメディアは、過去の談話で用いられてきたフレーズである「侵略」・「植民地支配」・「心からのお詫び」・「痛切な反省」といった言葉が「安倍談話」でも用いられるかに注目していた。仮にこれらの言葉を用いずに、安倍が自らの歴史認識を率直に語れば、中韓両国からの強い批判は避けられない。しかし、首相談話が、安倍による率直な謝罪表現と受け取られれば、自らの支持母体からの批判を受けかねない。安倍にとっては大きなディレンマであった（鈴木 二〇一七）。

さらに安倍政権が懸念したのは、首相談話の発表と、平和安全法制の国会審議の日程が近接していたことであった。集団的自衛権の限定的な行使容認を含めた平和安全法制の制定は、当初八月までの成立を目指していたが、衆議院憲法審査会に出席した憲法学者から違憲論が展開されたことから、安倍政権は世論の逆風を受け、国会審議のスケジュールが大幅にずれこんでいた。そのため、七月一五日に衆議院本会議で平和安全法制関連二法を可決した後、八月の首相談話の発表を挟んで、参議院で国会審議が行われることになっていた。安倍政権が懸念したのは、談話が平和安全法制の審議に悪影響を及ぼすことであった。そのため首相談話の内容は慎重に練り直された（朝日新聞政治部取材班 二〇一五）。

八月一五日に発表された首相談話（「安倍談話」）は「村山談話」の実に二倍強の分量となった。「安倍談話」の特徴としては、第一にバランスのとれた歴史観が示されている点である。これは二月に発足した有識者会議である「二一世紀構想懇談会」の報告書を踏まえていた。そして、第二に「安倍談話」ではマスメディアが注目してきた四つのフレーズをすべて用い、表現についても引用やレトリックを駆使することで、中国、韓国、アメリカ、国内の保守勢力など様々な方面に配慮した内容に練り上げられた。安倍のナショナリストとしての側面は影を潜め、どの国であっても正面から批判することが難しいバランスのとれた首相談話が作成されたのである。「安倍談話」は「村山談話」を含めた日本政府の歴史認識を受け継いだものであり、歴代首相のなかで最も保守的な歴史観を持った安倍首相によって、この談話が出された意味は大きかった（二一世紀構想懇談会 二〇一五）。

強固な政権基盤を持つ安倍政権が、歴史認識問題で現実的対応をとったことは、日中関係を再び軌道に乗せた。二〇一七年に安倍首相が中国の「一帯一路」構想への協力を示すと、中国政府も対日政策転換を決意し、翌一八年には李克強首相訪日と安倍首相訪中が実現した。安倍政権は、中国に対する安全保障面での対応を進めながらも、日中両国の政治的安定を確立し、第一次政権で合意された戦略的互恵関係を甦らせたのである。

4 対中外交と政権基盤

戦前の外交評論家である清沢洌は、一国の外交は「国内政治の対外表現」であり、「国際政治の対内表現」でもあると喝破した。外交を展開する上で重要な前提は国内政治基盤の安定である。短期間で崩壊する可能性の高い政権では相手にされない。また国内政治の分極化が進めば他国の影響力工作を受けやすくなる。自民党の激しい派閥政治は、親中国派と親台湾派の対立を引き起こし、日中関係に大きな影響を及ぼした。しかし、日中国交正常化後、田中派・経世会支配の時代は日中関係に安定をもたらした。

田中や大平はなぜ日中関係の要となったのか。それは派閥全盛時代の国内政治における彼らの影響力によるところが大きかった。外交は相手から譲歩を勝ち取れば終わるわけではない。政治家の価値は、決められた合意を国内に持ち帰り、それを確実に履行できるかにかかっている。日中双方の外交担当者が折衝を重ねて妥協点を見出し、それを政治家が決断する。かつての日中関係には公式と非公式の二つのルートを巧みに組み合わせて関係を安定させる調整メカニズムが機能していた。

しかし、一九九〇年代以降の日本の政治改革は、こうした調整メカニズムを機能不全に陥らせた。派閥が力を失い官邸主導外交が成立すると、中国政府は首相や外相を凌ぐ力を持った有力派閥の指導者に非公式に働きかけることが難しくなった。小泉改革は経世会の権力基盤を弱体化させたが、それによって有力派閥の指導者が調整してきた日中関係にもきしみが生じた。

小泉以後の歴代政権は対中関係修復を進めようとした。とりわけ、第一次安倍晋三政権から福田康夫政権にかけて日中関係は再び安定したように見えた。だが、ねじれ国会の下でこれらの政権はいずれも短命に終わった。

民主党政権は対中外交でより困難な舵取りを強いられた。政権交代によって伝統的な日中パイプが完全に断絶するなかで、保守派からの圧力を受けながら、中国との間で尖閣問題をめぐる難しい交渉に臨まねばならず、結果的に両国関係をさらに不安定化させてしまった。

安倍晋三政権が他の政権と大きく異なるのは、中国に対する強硬姿勢を主張する保守派に強く支持されていた点である。この背景には日本のＧＤＰを抜き去り、さらに軍事力を拡大する中国に対する日本国民の不安感が存在した。民主党政権の下野を受けて発足した第二次安倍政権は、東アジアの安全保障環境が悪化するなかで、はじめて本格的に中国に対する戦略的外交を展開した政権であった。

しかし、安倍政権は保守派の主張に同調して、いたずらに日中関係を悪化させることはなかった。日米同盟やインド太平洋における協力関係を拡大する一方、対中関与を続け、歴史問題では時に柔軟な姿勢を見せることで安定した日中関係を築くことに成功したのである。

戦後日本の対中外交が一定の成果をあげたときは、常に強力な政権基盤が存在した。親中国派の田中派・経世会は強力な政治基盤を背景に日中友好の時代を演出した。一方で逆の立場であった安倍政権もまた世論の支持を背景に対中国外交を戦略的に展開することで、日中関係を安定させた。

今日最も懸念すべきは、外交感覚を欠いたポピュリストの台頭であろう。国内の分断が進むほど中国の影響力工作が効果を発揮する余地が生じる。そのことは歴史的に見ても明らかである。また強い権力基盤を持たない政権であるほど、危機において弱腰に見られることを恐れて強硬論に傾きやすい。かつてのような有力なパイプがなくなりつつあるなかで、日中関係を安定的に管理するためにはこれまで以上に強い政権基盤の確立が欠かせないといえよう。

〈引用文献〉

朝日新聞政治部取材班（二〇一五）『安倍政権の裏の顔』講談社
安倍晋三（一九九八）「戦後世代の『若手議員』が国防を論じるとき」『祖国と青年』二九巻一一号
安倍晋三（二〇〇六）『美しい国へ』文藝春秋［文春新書］
安倍晋三（二〇二三）『安倍晋三回顧録』中央公論新社
井上正也（二〇一〇）『日中国交正常化の政治史』名古屋大学出版会

井上正也（二〇一六）「日中関係」（大矢根聡・大西裕編『FTA・TPPの政治学』有斐閣）
江藤名保子（二〇一二）「第一次教科書問題　一九七九〜八二年」（高原明生・服部龍二編著『日中関係史一九七二―二〇一二』東京大学出版会）
佐橋亮（二〇一七）「対外政策」竹中治堅編『二つの政権交代』勁草書房
清水美和（二〇〇三）『中国はなぜ「反日」になったか』文藝春秋［文春新書］
城山英巳（二〇〇九）『中国共産党「天皇工作」秘録』文藝春秋
杉浦康之（二〇一二）「天皇訪中　一九九一〜九二年」（高原明生・服部龍二編著『日中関係史一九七二―二〇一二』東京大学出版会）
鈴木美勝（二〇一七）『日本の戦略外交』筑摩書房［ちくま新書］
春原剛（二〇一六）『暗闘 尖閣国有化』新潮社［新潮文庫］
竹中治堅（二〇〇六）『首相支配』中央公論新社［中公新書］
田﨑史郎（二〇一四）『安倍官邸の正体』講談社［講談社現代新書］
谷内正太郎・手嶋龍一（二〇二三）「安倍政権中枢の極秘メモ『谷内正太郎覚書』の全貌と北方領土交渉の裏側」（中央公論新社ノンフィクション編集部編『「安倍晋三回顧録」公式副読本　安倍元首相が語らなかった本当のこと』中央公論新社）
東郷和彦（二〇一五）「安倍晋三の『戦後レジームからの脱却』」『京都産業大学世界問題研究所紀要』三〇巻
二一世紀構想懇談会（二〇一五）『戦後七〇年談話の論点』日本経済新聞出版社
橋本龍太郎述、五百旗頭真・宮城大蔵編（二〇一三年）『橋本龍太郎外交回想録』岩波書店
波多野澄雄（二〇二二）『日本の歴史問題　改題新版』中央公論新社［中公新書］
藤生明（二〇一七）『ドキュメント日本会議』筑摩書房［ちくま新書］

星浩（二〇〇六）『安倍政権の日本』朝日新聞社［朝日新書］
宮城大蔵（二〇一六）『現代日本外交史』中央公論新社［中公新書］
讀賣新聞政治部編（二〇〇六）『外交を喧嘩にした男　小泉外交二〇〇〇日の真実』新潮社
讀賣新聞政治部編（二〇〇八）『真空国会』新潮社
讀賣新聞政治部編（二〇一五）『安倍官邸vs.習近平』新潮社
渡邉昭夫・谷内正太郎・中山俊宏・細谷雄一（二〇一二）「日本外交における価値を考える」『外交』八号

〈ブックガイド〉

安倍晋三（橋本五郎・尾山宏、聞き手・構成、北村滋監修）『安倍晋三回顧録』中央公論新社、二〇二三年

首相退任まもなくに行われたインタビュー。野党の政策を取り込む柔軟性、人事権を駆使した官邸権力の確立、戦略的な外交政策など、憲政史上最長の政権を可能にした要因を率直に語る。

井上正也『日中国交正常化の政治史』名古屋大学出版会、二〇一〇年

サンフランシスコ平和条約から日中国交正常化に至る日本の対中外交の変遷を明らかにした学術書。自民党の派閥政治が日中関係といかに相互連関したかを分析している。

鈴木美勝（二〇一七）『日本の戦略外交』筑摩書房［ちくま新書］

二〇〇〇年代以降の日本を取り巻く国際環境の変化に対して、どのような戦略外交が展開されたかを明らかにした著作。安倍政権の外交政策を理解する上で重要な一冊。

高原明生・服部龍二編著『日中関係史 一九七二―二〇一二 Ⅰ政治』東京大学出版会、二〇一二年

日中国交正常化から民主党政権期まで、約四〇年間の日中関係の重要トピックについて論じた通史。日中関係を規定した国内事情や国際情勢といった諸要因を分析している。

第3章　日本はアジアとどう向き合ってきたか

【アジア外交】

宮城大蔵

1　アジアを捉える難しさ

茫漠としたアジア、伸縮するアジア

今日の日本でアジアという言葉は実に身近なものだろう。東アジアや東南アジアなど、日々のニュースでも聞かない日はないくらいだし、近年、活性化している日本へのインバウンドの多くを占めるのもアジアからの観光客だ。しかし、アジアという地域がどこまでを指すのかと、改めてその範囲や定義について考え始めると、以下で見るように実に茫漠とした性質を持つのがアジアなのである。

アジアという言葉の語源は古代オリエントにあり、東地中海から見て東方を意味したと言われる。それでは視点を逆にして、今日の日本から見てどのあたりまでがアジアと感じられるだろうか。地理の教科書

の区分に基づけば、ヨーロッパとアジアとの境界はロシア国内を走るウラル山脈からトルコのイスタンブールの眼前に広がるボスポラス海峡、そしてスエズ運河によってアフリカ大陸と分けられるということになる。しかし、イスラエルやイランをアジアと感じることは、現在の日本ではほぼないだろう。おそらく確実にアジアと感じられるのは東南アジアまで、そして広げて考えるならばインドなど南アジアあたりまでが感覚的なアジアの範疇ではないだろうか。

アジアはこのように茫漠とした広がりを持つことに加えて、可変的な、すなわちその範囲や区分がしばしば変化し、新たに生成されてきた地域でもある。地域とは地理的なものだから動かすことはできないと考えるのが普通だろう。ところがアジアではそうではない。たとえば今日の日本でなじみ深い東南アジアだが、戦前の日本ではこの地域を南洋と呼ぶのが一般的だった。

欧米圏において東南アジアという地域概念が登場したのは第二次世界大戦中のことで、一九四三年に連合国が創設した「東南アジア総司令部（Southeast Asia Command）」が、東南アジアという言葉が公的に用いられた最初の事例だとされる。それまでタイを例外として欧米が植民地として分割していたこの地域一帯を日本が占領したことから、反撃を企図する連合国側において東南アジアという単位でものを考える必要が出てきたのである。

東南アジアという地域概念は戦後日本でも定着していくが、一九五〇年代頃まではインドやパキスタンなど、今日でいう南アジアも東南アジアに含まれていた。通商産業省の白書などでも当時、印パは「東南アジア」のカテゴリーである。五〇年代にはアジアでもまだ大英帝国の面影を残すイギリスの存在感が大きく、インドからマラヤ、シンガポールと、イギリスの影響下にあったこれらの地域が一体のものと見なされる土壌があったのだろう。

近年では「インド太平洋」という新たな枠組みも提起されているが、果たしてこの先も定着するのか、否か。地域概念の可変性は今日においてもアジアを考える上での重要なポイントの一つだろう。

脱植民地化、経済発展、そして民主化

アジアはまた、戦後世界で他に例を見ないほど政治・経済・社会的に大きな変化を遂げた地域である。古来、中国やインドなどで高度な文明が栄えたアジアだが、インドはイギリスの植民地支配下におかれ、中国も半植民地状態といわれたように西洋列強や日本による権益獲得競争の舞台となった。

そのアジアにも第二次世界大戦後には脱植民地化の潮流が台頭する。しかし、植民地からの独立は宗主国との戦争や内戦を伴うことも多く、国際的な冷戦も背景にインドシナ戦争や朝鮮戦争が勃発し、ベトナムや朝鮮半島は分断国家となった。

脱植民地化に伴う戦乱や混乱、それに新たに独立した国家をどのように運営するかで模索がつづく中、アジアの大半は経済的にも低迷した。一九五〇年代の韓国が世界の最貧国の一つであったとは、今日では想像しがたいだろう。終わりの見えない戦乱と混乱、そして貧困が一九六〇年代までのアジアのイメージであり、その中にあって日本は高度経済成長の道を突き進み、平和国家を自認する例外的な存在だった。

アジアに経済成長の波が本格的に到来したのは一九七〇年代に入ってからといってよい。まず、国内市場の比較的小さい韓国、台湾、香港、シンガポールが主にアメリカ市場に向けた輸出志向型の経済発展を遂げてＮＩＥｓ（新興工業化地域）と呼ばれ、これに東南アジア諸国もつづいた。そして一九七〇年代末

からは中国も鄧小平の舵取りの下で「改革開放」政策を本格化させ、経済成長の波は大きく広がることになった。

この間、政治面では「転換の一〇年（一九六五～一九七五）」ともいうべき、大きな変化が起きていた。反植民地主義闘争を先鋭化させ、国連を脱退して中国と「北京＝ジャカルタ枢軸」を結成するなど急進的な外交路線を突き進んだインドネシアのスカルノ大統領が一九六五年にクーデタ未遂（九・三〇事件）で失脚し、スカルノを重要な連携相手としていた中国は、米ソ両超大国との対立に耐えかねて一九七〇年代初頭に米中接近に踏み切る。そして一九七五年にはベトナム戦争が終結し、脱植民地化の色彩を持った大規模な戦乱はアジアから姿を消した。それまでの植民地独立闘争に代わって、強権的ながらも経済成長の推進を求心力とする指導者が各国に登場し、「開発体制」と呼ばれる政治体制を敷くことになった（宮城　二〇〇九）。

このような脱植民地化、そして経済成長につづいて、その後のアジアを変貌させたのは民主化の広がりだといえよう。一九八〇年代後半に韓国、台湾、フィリピンで民主化の動きがあらわれ、軍部や強権的指導者に代わって直接選挙による大統領の選出などが実現した。一方で同じ時期に中国（一九八九年に天安門事件）やビルマ（一九八九年にミャンマーに改称）では民主化運動に対する大規模な弾圧が行われ、アジアの民主化をめぐって、今日にまで至る大きな分岐点となった。

一九九〇年代後半には、九七年に起きたアジア通貨危機を収拾できずに「ＡＳＥＡＮ（東南アジア諸国連合）の盟主」と目されたインドネシアのスハルト大統領が退陣に追い込まれるなど強権的な開発体制が瓦解し、より民主主義的な体制への移行が見られた。しかし、このような民主主義の広がりは不可逆的なものになったとはいえず、近年はアジア各国において権威主義的な政治体制の広がりも指摘される。

このように戦後アジアといっても、どの時期に着目するかによってアジアの姿はまったく異なるのであり、そのめまぐるしいまでの流動性は今も変わらない。旧来の固定観念に捕らわれていると、変貌著しいアジアの実像とのずれを生じることになるだろう。

日本の自画像とアジア

アジアを把握する際に留意すべき三点目として、日本の位置づけが重要になるだろう。日本はいうまでもなくアジアに位置しているが、アジアとの関係は起伏に富むものであった。

日本に「亜細亜」という言葉や概念が伝えられたのは、一七世紀の中国でイエズス会士が作成した世界地図（坤輿万国全図）が伝来したことなどに伴うもので、そこでは世界が亜細亜、欧羅巴（ヨーロッパ）など五大州に分けられていた。中華文明の世界観では自らを文明の中心に位置づけ、その他を周辺とするのに対して、ヨーロッパ経由のアジアの概念の下では日本を中国と並置することも可能になる。それが江戸時代までの日本の知識人にとっての「アジア」の利便性であったという（松田 二〇〇八）。

そこからも浮かび上がるようにユーラシア大陸の東に浮かぶ島国である日本は、中華文明など大陸部の大文明とはやや距離をとって歩んできた。一時期を除いて朝鮮や琉球のように朝貢することはなく、逆に豊臣秀吉の朝鮮出兵のように、中華帝国を中心とする東アジア国際秩序の攪乱者でもあった。そして明治維新後になると日本は日清戦争での台湾割譲や韓国併合など、近隣アジアに対する膨張的な動きを本格化させた。

明治政府は西洋諸国と並ぶ列強の一員を目指し、「富国強兵」の旗を振る。その一方で民間では西洋列強の帝国主義・植民地主義に圧迫され、隷属を強いられるアジアの惨状に悲憤し、アジアの連帯を呼号するアジア主義も盛んになった。実際の政治外交で主流となったのは「列強の一員」路線だったが、それも第二次世界大戦での対米開戦によって最終的に破綻した。その開戦に際しても日本は自らの戦争目的をめぐって「自存自衛」と「アジア解放」の間を揺れることになる。

その後、敗戦の焼け野原から復興を遂げ、高度成長の道を邁進することになった戦後日本は、戦乱と貧困に沈むアジアを傍目に、「平和国家」と「経済大国」の道を歩んだ。サミット（先進国首脳会議）に参加するようになった一九七〇年代以降は「先進国の一員」を自認するが、そのような日本の歩みは「なぜ非西洋で唯一、日本だけがこのような発展を遂げたのか」という問いを生み出した。「日本はアジアか」というテーマは総合雑誌でしばしば特集となったし、日本は皇帝が強大な権力を振るったアジア大陸部の諸文明とは異なり、天皇と将軍、教皇と皇帝とで権威と権力が分散するなど、むしろ西欧と重なる歴史的展開をたどってきたといった議論も世の関心を惹いた（梅棹　一九九八）。

このように、日本の自画像はその時代ごとにアジアを「鏡」として形成されてきた面がある。そして二一世紀前半の今日である。中国の経済規模は日本の四倍あまりに達し、今世紀半ばにはインドにつづいてインドネシアの経済規模も日本を抜くといわれる。一人当たりの所得でも韓国や台湾などは日本と遜色ない。それを日本の衰退と見るのか、あるいは日本のみが突出していた過去のアジアが歪《いびつ》なものであったと見るのか。どちらの見方をとるにせよ、それは世界、そしてアジアにおける日本の新たな自画像をどう描くのかという問いと不可分だろう。この点については本章の末尾で改めて考えてみたい。

2 「三つのアジア」という視座

南アジア、東南アジア、そして北東アジア

このように茫漠として変化の激しいアジアを前提として、日本の対アジア外交をどのように把握するのか。本章では「三つのアジア」という視座を据えて議論を進めることにしたい。「三つのアジア」とは、インドやパキスタンからなる「南アジア」、ASEAN（東南アジア諸国連合）とほぼ重なる「東南アジア」、そして中国・台湾、南北朝鮮と日本などで構成される「北東アジア」である。イラン以東の「西アジア」は中東として認識されることが一般的であり、本章での考察には含めない。

この後で見るように戦後日本のアジアに対する外交は、実際の距離とは逆に南アジアとの関係樹立から始まり、次いで東南アジア、そして戦争や植民地支配の過去に加えて冷戦下で分断国家となった北東アジア近隣諸国との本格的な関係回復は一九六〇年代から七〇年代まで持ち越された。北東アジアでは現在もなお、北朝鮮（朝鮮民主主義人民共和国）や台湾との関係をどう考えるのかという課題が残されたままである。

また、日本のアジアに対する関心も、これら「三つのアジア」それぞれに対して異なる様相を呈した。「三つのアジア」という視座によって、単なる二国間関係の集積ではない、「面」としてのアジアと日本の関係のダイナミズムを考察することができるのである。

南アジアと日本

「三つのアジア」と日本の関係を考えるには、歴史的な展開をおさえておくことが不可欠である。日本との関係回復の順番に沿って、南アジア、東南アジア、そして北東アジアの順で見ていこう。

まずは南アジアだが、その中心となるのはやはりインドである。一九四七年にイギリスの植民地から独立したインドは大きな存在感を有していた。独立運動の指導者、ガンディーが唱えた非暴力主義は世界的にも大きな影響を及ぼし、また、米ソ冷戦が深刻化する中、それと一線を画して中立主義・非同盟の立場をとったインドの姿勢は多くの新興独立国に支持された。

サンフランシスコ講和会議を主導したアメリカのダレスは、アジアの有力国であるインドの参加を熱望した。しかしネルー首相率いるインドは、講和条約（対日平和条約）が発効と同時に日米安保条約によって日本をアメリカ陣営に組み込むものであること、そして軍事目的で沖縄を日本から引き離すことなどを批判し、結局、サンフランシスコ講和会議には参加しなかった。面子《メンツ》をつぶされたと感じたダレスにとっては面白くないインドの決断だったが、ネルーから見れば講和条約は日本の独立を回復するものであるはずなのに、それと同時に安保条約で日本を縛りつけ、沖縄を分離してアメリカ統治下に留め置くことは日本の主権をないがしろにするものと映ったのである。

その一方でインドは早期に日本と二国間の平和条約を結ぶ意向を示し、一九五二年に国交が樹立された。その際にインドは対日賠償請求を放棄しただけでなく（戦時中に日本はインパール作戦などでインドにも進軍した）、インドに残された日本資産の返還にも応じた。日本資産の返還はサンフランシスコ講和条約でも否定されていたもので、インドの日本に対する好意的な姿勢は際立ったものだった。

日本からすれば東南アジア諸国とは後述のように賠償問題が立ちはだかっており、戦前まで緊密だった中国大陸との間には冷戦の分断線が引かれていた。そのような中でインドをはじめとする南アジアは日本に対して門戸が開かれていると見えたのである。また、ガンディーやそれを引き継いだネルーといった指導者を戴いたインドの知的、道徳的な威信は日本国内にも及び、一九五七年にネルーが来日した際の世論の熱狂的な歓迎ぶりはネルー自身が驚くほどであった。

遠くなるインド

経済面でも一九五〇年代のインドは世界的な注目を浴びる存在で、日本でも「インドブーム」に乗り遅れるなと強い関心が寄せられた。日本の円借款供与の第一号はインド・ゴアの鉄鉱石開発に対するものだった。

だが、日本が高度成長の軌道に乗り始めた一九六〇年代になると、日印の関係にも変化が見られるようになる。一九六一年、池田勇人首相の訪印でカルカッタ（現コルカタ）に到着した際の様子を秘書官の伊藤昌哉は次のように記した。「飛行場に人垣をつくって出迎えてくれた大勢の人々を見ると、ほとんどが裸足であることにまず驚いた。飛行場から市の中心部にむかうにしたがって、その貧しさがますます目にうつる」「池田も同行記者団も、このインドの貧困を目にして、日本人的な誇りと自信を胸にいだいた」（伊藤　一九八五）。

その誇りとは、経済成長による豊かさを追求した戦後日本の歩みへの自信だといってよかろう。日印首脳会談では自主独立の重要性を説くネルーに対して聞き役に回った池田だが、後半では経済政策の具体策を説いて攻守逆転となった。この翌年には国境問題をめぐって中印戦争が勃発し、劣勢に立たされたインドはアメリカに支援を求めた。往年の輝きを失ったネルーは失意のうちに六四年に死去する。そして計画経済の要素も取り入れたインドの経済運営も行き詰まりと停滞が顕著となった。

このような流れの中で、日本の南アジアに対する関心も薄れていく。一九六六年に東京で開催された東南アジア開発閣僚会議は、日本が主導したアジアの多国間会議として初めてのものであり、外務省はじめ日本政府関係者の意気込みも強いものがあった。しかし、この会議にインド・パキスタンが含まれることはなかった。

国家規模の大きな印パが含まれると経済協力の相当な部分が両国向けになることは避けられない。そもそも日本にとってはベトナム戦争の本格化を念頭に、アメリカ向けに日本なりのアジア安定のための貢献策をアピールするという思惑もあり、その点でもベトナム戦争とは縁遠い印パは外れることになる。それは日本のアジア地域秩序構想から印パが外れ、また、東南アジアと南アジアが別個の地域として分離しつつあることを示すものであったともいえよう。

インドが再び日本の視野に入ってくるのは、二〇〇〇年前後のことだろう。森喜朗首相が日本の首相としては海部俊樹首相以来、一〇年ぶりにインドを訪れ、インドの核実験に対する制裁などで冷え込んでいた日印関係を重視する姿勢を明確に打ち出した。そして小泉純一郎政権になると、アジアにおける地域統合の枠組みとして、それまでのASEAN＋3（日中韓）では中国の比重が大きくなりすぎるとして、日本はASEAN＋6（ASEAN＋3にインド、豪州、ニュージーランドを加えたもの）を打ち出した。その後も台頭する中国に対するバランサーとしてインドに期待する傾向が日本側で強まることになる。

さらに第一次安倍晋三政権で自由や民主主義を重視する「価値外交」が提起されると、インドはアジアにおける有力な民主主義国として一層、注視され、第二次安倍政権下では「インド太平洋」という新たな地域概念も提唱されるようになった。一九五〇年代の「インドブーム」から六〇年代以降の関心の希薄化、そして二一世紀に入ってからの再注目と、日本の南アジアに対する関心はその振幅の大きさが一つの特徴だといえよう。

3　東南アジアと日本

「南洋」から「東南アジア」へ

前述のように東南アジアという地域概念は第二次世界大戦を契機に一般化したもので、戦前の日本では南洋と呼ばれることが多かった。明治以降の日本がアジアに向けて進出する過程では、国家主導の下、軍部や財閥が主軸となって朝鮮半島から中国大陸へと向かう流れが圧倒的な主流だった。

それに対して南洋は名もなき庶民や困窮した人々が日本から流れていく先といった位置づけで見られることも多く、現地における日本人のイメージも帝国の威信が誇示された中国や台湾、朝鮮半島とは対照的に、小物売りや床屋、そして「からゆきさん」と呼ばれた売春を生業《なりわい》とした女性たちだった。そして東南アジアが欧米の植民地で覆われ、独立国がほぼなかったことは、日本から見て対外関係の主体として東南アジアを認識することを難しくした（矢野暢　一九七五）。

日本が東南アジアに対して強烈なインパクトを及ぼしたのは、やはり第二次世界大戦である。真珠湾攻撃に先立ってマラヤ（現マレーシア）のコタバル海岸に上陸した日本軍はイギリスの拠点だったシンガポールを陥落させ、東南アジア全域を制圧した。蘭領東インド（現インドネシア）のスマトラ島南部に広がる大油田など重要資源の確保が、南進した日本にとっての最優先課題だった。

日本軍政下ではインドネシアにおける郷土防衛義勇軍（ＰＥＴＡ）の結成など、現地の人々の組織化や政治化が進められ、終戦後の独立運動を加速させた面もあった。他方で労務者として徴用された人々は過酷な労働に従事することを強いられて多くの犠牲者を出し、激戦地となったフィリピンなどでは多数の現地の人々も巻き込まれた。

戦時下の一九四三年には東京で大東亜会議が開かれ、互恵的経済的発展や人種差別撤廃などが掲げられた。しかし、「共栄」という理念とは裏腹に、現地では連合国との戦争を遂行するための動員や収奪も強行され、スローガンとして掲げられた「アジア解放」の理念とその現実とのギャップは、戦後の日本と東南アジアとの間の歴史認識の溝として影を落とすことにもなった（波多野　一九九六）。

賠償と経済協力

そのような認識の食い違いが露呈したのが、サンフランシスコ講和会議とその後の賠償交渉であった。対日講和を主導したアメリカは日本再建を優先して対日無賠償方針をとった。北東アジアにも冷戦が及びつつあったことに加え、日本経済の低迷でアメリカの負担が長引くことを回避したかったのである。

これに強く反発したのが最大の戦争被害国の一つであるフィリピンだった。講和会議でフィリピンのロムロ代表は日本に対して「あなたがたのもっておられる金や富でもってしてもこれを償うことはできない」とした上で、「われわれが許しと友情の手をさしのべる前にあなたがたから精神的悔悟と再生の証拠を示してもらわねばならない」と訴え、日本代表団は「フィリピンの対日怨恨と不信の強さをまざまざ感じさせるもので会議を通じて日本人にいちばん深刻な痛みを感じ」させるものであったと記した。

結局、講和条約では戦時中に日本に直接占領された国は対日賠償を請求できるとされ、フィリピン、インドネシア、ビルマ、南ベトナムがこれに基づいて賠償を請求した。しかし同時に、賠償は日本経済の再建を妨げない範囲でとされ、賠償額も日本と相手国との二国間交渉に委ねられたために難航した。当初は日本国内でも戦争で与えた惨禍に鑑みて真摯に賠償に取り組むべきだという意見もあったが、アメリカが対日無賠償方針を固めると、なぜ東南アジア諸国に賠償を支払う必要があるのかという見方が主流となった。東南アジアは戦場にはなったが、日本が戦ったのは欧米の連合国である。結果として独立に結びついたのだから、東南アジアの国々は日本に感謝してしかるべきだといった議論も散見された。

このような中、日本で注目されるようになったのがアメリカで提起された「東南アジア開発」構想だった。アメリカからすれば、日本を戦前まで緊密だった中国大陸から引き離して自由主義陣営にしっかりとつなぎとめるためには、中国に代わる資源供給地と市場を日本に提供しなければならない。そこで注目されたのが東南アジアであり、日本製品で現地の需要を満たせば東南アジアの安定と共産化防止にも役立つと考えられた。当時は「安かろう、悪かろう」とみなされていた日本製品は欧米市場では通用しなくても東南アジアでなら需要もあるという算段である。

これを受け、賠償は経済進出の橋頭堡だとして肯定的に捉える議論が日本国内で力を得ていく。最初に賠償交渉が妥結したのは一九五四年、ビルマとの間だったが、賠償協定は平和条約に加えて経済協力協定ともセットになり、賠償協定にはビルマの経済発展に寄与するためと明記された。

その後に妥結した東南アジア各国との賠償交渉でも経済協力がセットになり、賠償によって実施された各種インフラの整備事業はやがてODA（政府開発援助）にも引き継がれた。その一方、賠償と経済協力との一体化によって、過去の戦争をどのように償うのかという賠償本来の意味を問う機会が失われた面があることも否めない（波多野 二〇二四）。

前述の労務者や慰安婦、シンガポールにおける華人虐殺など東南アジアでも、戦争に関わる日本との歴史問題は存在する。「中国や韓国は事あるごとに言い続けるが、東南アジアとはその種の問題はない」などと安易に捉えると大きな間違いにつながりかねない。

反日暴動と福田ドクトリン

一九七四年、東南アジア歴訪中の田中角栄首相はタイのバンコク、そしてインドネシアのジャカルタで激しい反日暴動に直面した。ジャカルタでは騒乱状態で身動きが取れなくなり、ヘリコプターでの脱出を強いられた。「平和国家」「経済大国」として歩んでいたはずの日本がこれほどの反発を受けるとは日本の政府、そして世論にとっても大きな衝撃だった。

反日暴動の背景にあったのは日本の急激な経済進出だった。開発と経済成長の時代に移行しつつあった東南アジアと経済的活力にあふれる日本は七〇年代に入って急速に結びつきを深めたが、その過程で現地の地場産業が淘汰され、気がつけば身の周りは日本製品に囲まれ、伝統的な暮らしが資本主義に侵食されつつあるという危機感が根底にあった。

それから三年後の一九七七年、同じく東南アジアを歴訪した福田赳夫首相はフィリピンのマニラで政策演説を行い、①日本は軍事大国にはならない、②ASEAN諸国との間で心と心の触れ合う相互信頼関係を構築する、③日本はASEANの強靭性強化に協力し、インドシナ諸国とも関係の醸成をはかり、東南アジア全域にわたる平和と繁栄の構築に寄与するという三点を重点項目に掲げた。いわゆる福田ドクトリンである。

このうち、②の「心と心」はいうまでもなく、日本は経済的利益の追求だけだという反発に対応する意図だった。①と③も重要である。①の「軍事大国にはならない」は新味のないものに聞こえるかもしれない。しかし、アメリカは七〇年代初頭にベトナムから撤退し、イギリスも財政難から大英帝国を支えた軍事ネットワークを切り詰めるため「スエズ以東からの撤退」を打ち出し、同時期にシンガポールの軍事拠点を解散して撤退した。

米英の相次ぐ撤退で軍事的な空白が生まれる中、経済大国となった日本が軍事大国に転じるのではないかという懸念は、二〇年あまり前まで日本の支配下におかれた東南アジアにとって絵空事ではなかった。そのタイミングで日本が改めて「軍事大国にはならない」と宣言したことの意味は、日本側が考える以上に大きかったのである。

そして③は、ベトナム戦争が終結してベトナム、ラオス、カンボジアのインドシナ三国が共産化したことを受け、ASEANとインドシナ三国との関係を架橋し、東南アジアに安定した地域秩序を創出しようという意図が込められていた。

戦後日本の外交政策で「ドクトリン」という呼称が定着しているのは、この福田ドクトリンのみだといってよい（「吉田ドクトリン」は外交というより日本という国家の運営方針を示したものとみなすべきだろう）。唯一の外交上の「ドクトリン」が東南アジアを対象としていることは、日本外交にとって東南アジアが創造的なイニシアチブを発揮する対象であったことのあらわれである。

その背景としては、経済を中心に東南アジアで日本が大きな存在感を持つ一方、適度な距離を保つ域外国でありフリーハンドを有していたこと、東南アジアは相対的に中小国の集まりであり、かつ地域秩序自体が流動的で、日本としても創造性を発揮する余地があったことなどが挙げられよう。福田ドクトリンの③で掲げられたＡＳＥＡＮとインドシナ三国の橋渡しなど、日本が域内の当事者ではなく適度な距離があればこそ果たしうる役割だといえよう。

プラザ合意、通貨危機からＡＳＥＡＮ＋３へ

ＡＳＥＡＮとインドシナ三国を架橋するという福田ドクトリンの構想は、米ソ冷戦や中ソ対立も絡んだカンボジア紛争で潰えたかに見えた。しかし、米ソ冷戦の終結に伴って内戦も収束し、カンボジアの国家再建に向けた総選挙実施に際しては、日本も初めてとなる自衛隊の海外派遣でＰＫＯ（国連平和維持活動）に従事した。カンボジアを含めたインドシナ三国は一九九〇年代後半にＡＳＥＡＮ加盟を果たし、ＡＳＥＡＮは東南アジア安定の基盤となった。

それに先立つ一九八〇年代後半には、北東アジアと東南アジアを合わせて「広義の東アジア」とみなす地域概念が浮上する。その先駆けとなったのがマレーシア首相のマハティールが提唱した「東アジア経済協議体」（ＥＡＥＣ）構想であり、日中韓とＡＳＥＡＮ諸国を念頭においたものだった。しかしアメリカ

が「太平洋を分断するものだ」として自国が含まれないこの枠組みに反発し、構想自体が付け焼刃だったこともあって実現には至らなかった。

しかしその後も「広義の東アジア」を念頭においた地域主義的な動きは相次いだ。その背景にあったのは北東アジアと東南アジアとの経済的な一体化である。とりわけ先進主要国間の為替レート調整を通じてアメリカの貿易赤字是正を意図したプラザ合意（一九八五年）では、この合意の結果として猛烈な円高に見舞われた日本企業が大挙して生産工場を東南アジアに移転し、日本と東南アジアとの経済的な結びつきはさらに強まった。

このようにアジアでは経済的な一体化が先行する形で地域主義の機運が醸成された。今日のEU（欧州連合）に至るヨーロッパの地域統合が、その端緒から仏独などによる政治主導のプロジェクトとして推進されたのとは対照的である。

一九九七年のアジア通貨危機は、地域統合の趨勢がさらに強まる契機となった。タイのバーツ暴落に始まった危機は瞬く間に韓国や東南アジア各国に広がり、インドネシアでは三〇年余に及んだスハルト政権が瓦解するなど大きな影響を及ぼした。この事態にIMF（国際通貨基金）は構造調整の徹底を救済の条件として課し、結果として危機のさらなる悪化を招いた。アメリカの影響力の強いIMFとは別にアジアの国々が協力する必要が認識される中、日本の大蔵省（現・財務省）はIMFのアジア版としてアジア通貨基金（AMF）構想を打ち出したが、IMFとの重複を嫌うアメリカの反対もあって構想倒れに終わった。しかし、この危機に前後してASEANに日中韓を加えたASEAN＋3の枠組みが発足し、「広義の東アジア」という地域概念がより実体を持つようになった。

この時点ではアメリカ主導の金融グローバル化の猛威からどう身を守るかがアジア諸国を結束させたわけだが、その後、二〇〇〇年代に入ると中国の台頭が顕著となり、安全保障問題の浮上や「インド太平洋」といった新たな地域枠組みを生み出すことになる。その中で日本にとって東南アジアの位置づけはどう変化したのか。後述の節で考察することにしよう。

4　北東アジアと日本

北東アジアの特殊性

そして北東アジアである。北東アジアは世界的に見ても、かなり特殊な地域だと言える。中国・台湾、南北朝鮮という事実上の二つの分断国家と日本によって主に構成され、その日本は中国と朝鮮半島に対して戦争と植民地支配の過去を持っている。さらに二つの分断国家には統一を目指す動きもあることから、台湾有事、朝鮮有事と恒常的に有事が意識される。

その一方で経済的に見ると、台頭著しい中国、依然として高度な産業力を保持する日本、そして大きな存在感を持つ韓国、台湾がひしめく世界経済の中心の一つである。経済的な繁栄と相互依存、その一方での分断と緊張が同居するのが今日の北東アジアである。

明治以降、日本の北東アジアに向けた勢力拡大は韓国併合や満州国、そして日中戦争へと行き着くが、対米開戦と敗戦によって日本帝国は瓦解する。日本が国際社会への復帰を果たしたサンフランシスコ講和会議には、北東アジアの国々はいずれも参加していない。中国をめぐっては、アメリカが台湾に移った蔣介石政権を招くことを主張したのに対して、イギリスは一九四九年に成立した中華人民共和国（中国）を招請すべきだとしてまとまらず、どちらも招かれなかった（植民地・香港の維持を重視するイギリスは、五〇年には自由主義陣営でいち早く中国を承認していた）。

また、韓国は戦前に上海に存在した亡命政権が連合国の一員として日本と戦ったとして講和会議への参加を訴えた。アメリカは韓国参加の容認に傾いたものの、イギリスの反対で実現しなかった。依然として世界各地に植民地を保持していたイギリスにとって、植民地だった韓国の対日講和参加は自らの植民地支配を不安定化させる意味を持ちかねないと警戒したのである。

北東アジアとの関係回復はその後の日本外交にとって大きな課題となる。日本はアメリカの強い圧力もあって講和条約の発効に前後して台湾と日華平和条約を結ぶが、戦前に経済面を含めて日本と強いつながりのあった大陸中国との関係回復を望む声は国内に根強く、米英主導の「片面（単独）講和」を批判した「全面講和」論の論拠の一つともなった。

日韓、そして日中国交正常化

アメリカはまた、北東アジアにおける自由主義陣営の結束強化を意図して日韓の国交樹立を推進しようと影響力を行使した。しかし日韓交渉はしばしば暗礁に乗り上げ、国交樹立が実現したのは一九六五年であった。この間、大きな障壁となったのは植民地支配の清算という問題である。

一九五三年には日本側代表の久保田貫一郎が、日本の植民地支配には禿山《はげ》を緑に変え、鉄道や港湾の建設などよい面もあったなどと述べ、韓国側の猛反発で会談は決裂した。しかし日本国内では社会党も含め、久保田の発言は当たり前のことという反応が大勢だった（逆に韓国からすれば、それらは日本の植民地支配のためであり、韓国のために行ったわけではないということになる）。

交渉で最大の争点となった請求権、すなわち、植民地支配下で韓国から奪われた富をどのように償うのかという問題について、日本は当初、日本側も植民地支配下で築いた財産を残してきたのだから、請求権は日韓双方が放棄すべきだという立場をとった。しかし、北東アジアにおける冷戦対立の最前線である韓国の安定は重要だという観点から経済協力という形なら応じてもよいとした。

最終的には朴正熙大統領の決断で韓国側はこれを受け入れて交渉は妥結し、日本からの無償、有償の経済協力が高速道路や製鉄所の建設に投じられた。一九六一年にクーデターで政権を奪取した軍人出身の朴大統領は政権の正統性を示すためにも、経済成長とそのための資金を必要としたのである。しかし、歴史の清算を疎《おろそ》かにしたという韓国内での反発は強く、基本条約の調印は全土に戒厳令が敷かれる中で行われた。また、慰安婦や徴用工など、後年浮上する問題に対する意識が希薄だったことも確かだろう。

中国との関係回復については第2章（井上）で詳述されているので概略にとどめるが、ここでもアメリカの動向は重要で、米中接近がその契機となった。米ニクソン政権のキッシンジャー大統領特別補佐官による極秘訪中とニクソン訪中の公表は「ニクソン・ショック」として日本国内に衝撃を与え、対中関係正常化を求める国民的な機運の高まりを追い風として一九七二年に日中国交正常化が実現する。

一九七九年には対中円借款の供与が決まるが、そこには中国の改革開放政策を後押しすることが日本の国益にもなるという判断があり、また、戦争の過去から中国の発展に寄与すべきだという意識を持つ関係者も政財界に少なくなかった。八九年の天安門事件に際して日本政府は中国の孤立を避けるべきだという

「関与政策」を欧米に訴え、当時の国内世論でもそれに異を唱える声は少なかった。

冷戦の終焉と北東アジア

一九八五年、ソ連の新たな指導者として登場したゴルバチョフは、ソ連国内の立て直しに注力する意図もあって、一方的な譲歩で冷戦の緊張を大きく緩和していった。一九八九年には米ソ首脳が冷戦終結を宣言したが、事態はゴルバチョフの意図を超えて東欧革命やソ連自体の解体（一九九一）にまで至る。

冷戦対立緩和の流れは北東アジアにも及んだ。一九九〇年には韓国とソ連が国交を樹立し、北朝鮮もこうした流れに対応を迫られる形で九一年に南北朝鮮の国連同時加盟が実現する。だが、ソ連が解体し、九二年に中国と韓国も国交を樹立すると北朝鮮は孤立の気配を深める。この前後には中ソが韓国を承認し、日米が北朝鮮を承認するという「南北クロス承認」構想も浮上したが、実現したのは韓国と中ソの国交樹立だけであった。北朝鮮指導部は核兵器の開発に体制の生き残りをかけることになる。それが発覚し、朝鮮戦争以来、最大の危機とも言われたのが一九九三年に顕在化した第一次北朝鮮核危機だった。アメリカは北朝鮮の核開発を阻止するため武力行使も検討したといわれるが、九四年のカーター元米大統領の訪朝を受けて北朝鮮が核開発計画の凍結を表明し、危機はひとまず収束した。

ここまで扱ってきた「三つのアジア」のうち、北東アジアについて顕著なのは、北東アジア情勢が日本の内政に及ぼす影響の大きさである。戦後の対中政策が日本政界の諸勢力とリンクしていたことは本書第2章でも活写されているが、他方で台湾、韓国は共に共産主義勢力と対峙する北東アジアの最前線国家であり、日本政界の親台派、親韓派には反共イデオロギーの色彩も強かった。そうした中、一九六〇年の岸退陣後に首相となった池田勇人が、韓国との国交正常化に対する反発が安保騒動のようなイデオロギー対立を再び国内に引き起こすのではないかと危惧して交渉に慎重な姿勢を見せる局面もあった。外交関係と国内政治の共振が北東アジアとの関係における大きな特徴となっていたのである。

北東アジア情勢はイデオロギー対立が希薄になった冷戦後においても、日本の内政に大きな影響を及ぼした。第一次北朝鮮核危機は、五五年体制に終止符を打った非自民連立の細川護煕、羽田孜政権の時期に表面化したが、危機の最も深刻な局面は細川の辞任表明から羽田政権発足までの権力の空白期と重なった。連立与党の実力者である小沢一郎は、有事対応を「錦の御旗」に社会党を連立から外し、自民党の一部を抱き込む政界再編をねらった。危機は前述のようにひとまず鎮静化に向かい、日本では短命に終わった羽田政権の後に自民・社会・新党さきがけの連立による村山富市政権という展開となるが、仮に危機がつづいていれば有事対応が最重要課題となり、長年、憲法・安保で対立してきた自民党と社会党が連立を組むという離れ業は困難だったに違いない。

その後、北朝鮮核危機の再燃を危惧するアメリカは、日本に有事対応のための法整備を繰り返し求めるが、それを具体化するガイドライン関連法が小渕恵三政権下での自民党と公明党の連立形成の一つの背景ともなった。ポスト五五年体制下の日本政治では連立政権が常態となっており、ガイドライン関連法のような論争的な法整備には、その可決成立を可能にする新たな連立の枠組みが必要とされたのである（宮城 二〇一六）。

北朝鮮情勢への対応という問題は、やがて急速な中国台頭にどう向き合うかという課題とも相まって、北東アジア情勢を国内政治、そして国内世論における主要なテーマとしてさらに押し上げていくことになる。

5　二一世紀のアジア外交

変容するアジアとの関係

　ここまで日本と「三つのアジア」との現代史について、その要点をたどってきたが、以下ではそれを踏まえつつ、近年の展開とこれからの課題について考えてみたい。

　中国の経済規模（GDP）が日本を抜いて世界第二位となったのは二〇一〇年のことである。日本にとっては一九六八年に西ドイツ（当時）を抜いて以来、維持してきた二位の座からの後退である。「世界第二の経済大国」は、アジアにおいて日本が経済的に突出した存在であることを表裏としていた。難航した東南アジア諸国との賠償問題や日韓交渉、そして国交正常化後の中国に対する巨額の円借款と、戦後日本はその旺盛な経済力によってアジア諸国との関係再構築を推進し、円滑なものとした。そこでは日本とアジア諸国との関係は「援助する側、される側」という垂直的なものであり、その優越性が日本にとっては対アジア外交に関わる難題を和らげるカードとなった。

　日中の経済規模の逆転は、そのような垂直的なアジアとの関係が変容したことを象徴する出来事であった。中国だけではない。韓国や台湾は近年では一人当たりの所得では日本を上回っており、今世紀前半にはインド、そして半ばにはインドネシアの経済規模が日本を上回ると見られている。一人当たりの所得や経済規模で日本が追い抜かれるのだと見れば、日本の没落や停滞に嘆息する気分にもなるだろう。

しかし、明治以降、日本のみが突出した列強や先進国で、あとのアジアは貧困と混乱に沈むという過去の姿がむしろ歪なものであり、いまやアジア全域が発展しつつあるのだと捉えれば、「アジアの世紀」の中で日本が占める新たな位置を前向きに考えることが重要だという発想も生まれてくるだろう。この節ではいくつかの糸口から二一世紀中葉に向けた「アジアの中の日本」を考えてみたい。

その一つ目は中国台頭をめぐる問題である。冷戦後における日本の安全保障面での焦点は、その前半期においては湾岸戦争、イラク戦争と中東で繰り返されるアメリカの軍事力行使に対して、どこまで、どのような形で関与するかであった。湾岸戦争での「外交敗戦」とすらいわれた失態は、イラク戦争では繰り返されずに乗り切ったというのが、日本国内における大方の評価だろう（他方でイラク戦争は「テロとの戦い」を逸脱し、冷戦後におけるアメリカの力と道義的威信を大きく損なう分岐点となったのだが）。そして近年に至る冷戦後の後半期においては、アメリカをいかにして北東アジアに引き留めるかが主要な課題になっている。北朝鮮情勢に加えて、中国の急速な台頭がその背後にあることはいうまでもないだろう。

「中国台頭」とどう向き合うか

安全保障専門家の間では、一九九〇年代後半には中国の軍事的台頭が注視されていたが、日本国内における一般的認識としては、二〇〇〇年代頃までは中国に向けた国内工場の移転や雇用の流出など、もっぱら経済面に関心が向けられていた。小泉首相が中国の経済発展は日本にとって「脅威ではなくチャンスだ」と盛んに発信したのもこの頃である。

その後、日本国内で中国を安全保障上の脅威だと認識する上で大きなインパクトを持ったのが二〇一二年の民主党・野田佳彦政権による尖閣諸島の国有化と、これに対する中国の猛反発である。民主党政権では中国との意思疎通のパイプが見当たらず、それが事態をこじれさせ、結果として海洋進出を進める中国につけ入る隙を与えてしまったともいえる。以後、中国は自国領土だと主張していた尖閣周辺に公船を進入させるようになり、南シナ海における中国の勢力拡大の動きが尖閣とリンクする形で、日本でも大きなニュースとして頻繁に報じられるようになった。

このような中国との関係をどのように展開していくべきなのか。第二次安倍政権の対応については第2章で詳述されているが、同政権が対抗と牽制を基調としつつも中国と戦略的互恵関係を構築したことは、日中のパワーバランスが中国優勢へと変化する中での戦略として有効なものであり、また、国内政治において政権の求心力を強める効果もあっただろう。本章の「三つのアジア」との関連で注目すべきは、安倍首相による「(自由で開かれた)インド太平洋」の提唱である。

そこで鍵となったのがインドだが、安倍は自身が官房長官などをつとめた小泉政権が中韓との関係に苦慮したことから、「中韓とのつきあいは、二国間関係に囚われるのではなく、地球儀を俯瞰しながら、より広い視野を持って向き合った方がよい、と考えるようになりました」「その過程で、インドについて深く関心を持つようになりました」(『外交』二〇二二年一／二月号)と、インドへの関心が中韓との関係の難しさに端を発していたことを率直に語る。

一九五〇年代における日本の「インドブーム」は、北東アジアや東南アジアがまだ日本に対して閉ざされていたことから、それらのいわば代替として着目された面があった。それに対して二一世紀におけるインドへの関心は、台頭著しい中国へのバランサーとしてインドに期待するという、いわば地政学的な関心によって牽引されているといってよいだろう。

それとは対照的に近年、日本の視野の中で存在感が希薄になっているのがASEAN諸国だろう。中国への対抗や牽制という観点からは、対中関係で一枚岩になり切れず、また、「日米か、中国か」といった踏み絵を嫌うASEANは当てにならないと映る。かつて「ASEANの盟主」といわれたインドネシアがG20も重視するなど、ASEAN自体の一体感と求心力が低下していることも否めない。

それでは「インド太平洋」は新たな地域概念として定着するのか。急速な高齢化などで今後、中国の成長は鈍化することも予想される。日本は「中国台頭」のインパクトが薄らいだ後でもインドへの関心を持続できるのか。「中国台頭」という要素を脇において、インドや南アジアそれ自体への関心をどれくらい深めることができるのか。それが「インド太平洋」という枠組みの持続性を左右することになるだろう。

そして中国との関係についていえば、どのように安定した意思疎通のパイプを構築し、維持するのかという最重要課題は残されたままである。日本では中国の台湾侵攻が懸念されているが、中国世論では日米の「陰謀」で台湾独立が画策され、中国が介入せざるを得ない状況に引きずり込まれるといったシナリオが語られるともいう。相互の誤認や意図の読み違いによって、万が一にも世界的な経済大国がひしめく北東アジアで有事となれば、世界経済に壊滅的な打撃を与えることは必至である。北東アジアの安定を維持することは、日本や中国など関係国が世界に対して負っている責務である。

二一世紀日本のアイデンティティとアジア

二つ目の切り口は価値とアイデンティティである。本章の第1節で述べたように、日本の自画像は歴史的にもアジアとの関係を鏡として形成されてきた面がある。戦後日本の金看板であった「世界第二の経済大国」は、「アジア唯一の先進国」とセットであった。アジアとの関係が水平的なものへと変化する中で、二一世紀中葉に向けた日本の自画像、アイデンティティはどのようなものとして描きうるのだろうか。

このような観点から近年の日本外交を俯瞰したとき、注目されるのは価値という言葉の登場だろう。第一次安倍政権で「価値外交」が唱えられたことがその端緒だが、そこでは自由や民主主義といった「価値」を重視することが打ち出され、麻生太郎外相の下で「自由と繁栄の弧」も提起された。

日本の戦後外交は、とりわけアジアとの関係では戦争や植民地支配など「負の遺産」への対応に追われてきたが、むしろ、日本が自由主義陣営の一員として一翼を担ってきた普遍的な「価値」に力点をおくべきではないか。そのような問題意識が安倍首相や麻生外相の念頭にあったことは想像に難くない。村山談話に反発し、日本人拉致問題をめぐる北朝鮮への強硬姿勢で一躍、政界のスターとなった安倍だが、安倍が属する自民党派閥・清和会の実質的なオーナーだった森喜朗は、「(安倍は)右翼ではない。いい意味での新人類なんですよ」「(新人類とは)単純に戦後生まれの新しい若者のこと」だと解説してみせる(森・田原 二〇一三)。

戦争経験の有無を伴う世代交代、大国化する中国への対抗意識、そしてアジアで突出した経済大国という時代の終焉を受け、どのような日本の自画像を描くのか。日本外交における「価値」の提唱はさまざまな要因によって浮上したものであった。そのような背景はあるにせよ、「価値」を旗頭としたことは、二一世紀の国際社会における日本の立場を明確化したものとして、肯定的に評価されるべきだろう。第二次世界大戦後にアメリカを中心に構築されてきた「リベラル・オーダー(自由主義的国際秩序)」が揺らぐ中であれば、なおさらそのことの重要性は高まる。

価値なのか、パワーバランスなのか

だが、アジアとの関係を念頭においたとき、そこにはいくつかの留意すべき点があるだろう。ひとつは日本が価値を掲げるのは、実際にはパワーバランスを念頭においた戦略上の牽制や対抗のためではないかという疑念を持たれることである。台頭著しい中国に対しては価値の重要性を強調して対抗するが、そのバランサーとして重視するインドについては、モディ政権下における権威主義化について目をつぶるといった「二重基準」があるのではないか。「価値」という基準からすればそれに最も反するミャンマーの軍事政権に対して、日本が関与政策のアプローチをつづけるのは同国の地政学的な重要性を鑑みたものではないかといった指摘は当然ながらありうるだろう。

自由や民主主義といった価値は普遍性を持つがゆえに、この国には適用するが、この国に対しては対象外といった選別は困難である。「二重基準」との疑念を払拭するには、どのような姿勢が必要なのか。価値を外交の柱に据える際に避けて通れぬ課題だろう。

もう一点は、「橋渡し」という日本外交における伝統的な役回りとの関係である。一九五六年、国連加盟に際して外相の重光葵は総会で次のような演説を行った。「わが国の今日の政治、経済、文化の実質は、過去一世紀にわたる欧米及びアジア両文明の融合の産物であって、日本はある意味において東西のかけ橋となり得るのであります」。ここでいう東西は、文脈からして東洋と西洋であり、今日流にいえば欧米先進国と「グローバル・サウス」との架け橋と言い換えることもできよう。

明治以降、「列強の一員」を目指す政府と、民間に根強い「アジアの連帯」を説くアジア主義の気風の間を揺れた日本だったが、戦後もしばしば、アジア・アフリカの新興独立国と欧米諸国との橋渡し役を自任してきた。一九九七年のアジア通貨危機の際、三〇年余の長期政権が揺らぐインドネシアのスハルト大統領は、構造改革を前面に押し出したIMFの救済パッケージの受け入れを頑なに拒んでいた。そこに来訪した橋本龍太郎首相はスハルトに対して「アジアの心情はアジア人が一番よく分かる。その上でアジアの指導者の大先輩に対して失礼だけれども……」と軟化を促したという（五百旗頭・宮城編 二〇一三）。結果としてIMFの背後にいるアメリカ、そして日本で硬軟取り混ぜたアプローチを展開したわけだが、このように「アジアの心情」「アジアの事情」を細やかに汲み取る役割は、ある時期まで日本外交のお家芸でもあった。

アジア・アフリカ諸国には、植民地支配の過去を持つ西洋諸国が価値を声高に説くことへの反発も根強い。ウクライナ戦争を機に、非欧米諸国が必ずしも対露批判に同調しないことに着目して「グローバル・サウス」という呼称が広まったが、非欧米諸国の存在感が今後ますます高まる中、本来であれば「橋渡し」としての日本の役割はより重要になるはずである。価値をこれまで以上に強調して欧米と軌を一にするならば、日本独自の役回りはどこに見出すことができるのか。それも価値を掲げる際の留意点だろう。

日本とアジア——双方向の眼差しへ

「価値」を高らかに掲げることは日本の自尊心を満たす。ただ、自尊心を満たすことが自己目的化してはならない。価値は普遍的なものである以上、日本自身がそのさらなる深化に向けて国内でも真摯に取り組んでこそ、対外的にも価値外交は説得力のあるものになるだろう。

また、価値を共有する一方で植民地支配の過去を持つ韓国との関係は、今後の日本外交にとって一つの試金石である。日韓間で続発する歴史問題に対して徒労感がわくのもやむを得ないかもしれない。しかし、奴隷貿易など帝国主義・植民地主義の清算が世界的に問われる潮流の中にあって、日韓は植民地支配の清算という二一世紀の世界的な課題にいち早く取り組んできたともいえる。二国間の歴史問題をグローバルな文脈に据えて前進させつつ、アジア太平洋地域における先進民主主義国として日韓が協力を深めることは、日本外交にも大きな広がりをもたらすだろう。

インド出身でシンガポールの大学に籍をおく国際政治学者のパラク・カンナは、その著書『アジアの世紀』で日本について「老いて硬直化した国だが、アジアはこの国を仲間外れにすべきではない」と説く。日本は長らく、「日本はアジアをどう見るか」という観点でものを考えてきた。しかし、二一世紀中葉に向けて「アジアから日本はどう見えるのか」がますます重要になるだろう。

「三つのアジア」という観点からすれば、日中韓など北東アジアでは今後、急速な少子高齢化が進むことから、やがて成長の中心が人口構成の若い東南アジアや南アジアへと徐々に南下していく可能性も考えられる。日本ではこれまで東南アジアや南アジアに対して、北東アジアとの連関で関心を高めたり、失ったりというパターンが見られた。東南アジアや南アジアを含めたアジアの国々から見て今後の日本はどのような国として魅力を持つのか。そこでどのような日本の姿を描くにせよ、従来のような「日本からアジアへ」という一方通行の眼差しでは立ち行かないことは確かだろう。

〈引用文献〉
五百旗頭真・宮城大蔵編（二〇一三）『橋本龍太郎外交回顧録』岩波書店
伊藤昌哉（一九八五）『池田勇人とその時代』朝日新聞出版［朝日文庫］
梅棹忠夫（一九九八）『文明の生態史観』中央公論社［中公文庫］
波多野澄雄（一九九六）『太平洋戦争とアジア外交』東京大学出版会
波多野澄雄（二〇二四）『サンフランシスコ講和と日本外交』吉川弘文館
パラク・カンナ（二〇一九）『アジアの世紀（下）』原書房
松田宏一郎（二〇〇八）『江戸の知識から明治の政治へ』ぺりかん社
宮城大蔵（二〇〇九）「戦後アジア国際政治史」日本国際政治学会編『日本の国際政治学　4』
宮城大蔵（二〇一六）『現代日本外交史』中央公論新社［中公新書］
森喜朗・田原総一朗（二〇一三）『日本政治のウラのウラ』講談社
矢野暢（一九七五）『「南進」の系譜』中央公論社［中公新書］

〈ブックガイド〉
倉沢愛子（二〇〇二）『大東亜戦争を知っていますか』講談社［講談社現代新書］
日中戦争や日米間の太平洋戦争の傍らで、ともすると見落とされがちな東南アジアにおける戦時下の様相を多面的に描く。柔らかな語り口で若い世代への継承を意図した一冊。
白石隆（二〇〇〇）『海の帝国』中央公論新社［中公新書］
アジアを歴史的に生成、発展、成熟、崩壊する一つの地域システムとして捉え、その中における日本の位置づけを長期的な時間の幅で論じるスケールの大きな著作。

園田茂人（二〇二〇）『アジアの国民感情』中央公論新社〔中公新書〕
「データが明かす人々の対外認識」という副題通り、一〇年以上にわたる日中韓、東南アジア各国などへの継続調査から、アジアの国民感情を浮き彫りにする。日本における冷戦思考の強さが印象的。
宮城大蔵編（二〇一五）『戦後日本のアジア外交』ミネルヴァ書房
七人の著者が戦前期から占領期、そして一九五〇年代、六〇年代とそれぞれの時代における日本の対アジア外交の課題と展開を二一世紀まで描き出すバランスの取れた通史。
宮城大蔵（二〇一七）『増補　海洋国家日本の戦後史』筑摩書房〔ちくま学芸文庫〕
本文中でも言及した「転換の一〇年（一九五五―六五）」を軸に、冷戦や脱植民地化、革命と開発がダイナミックに交錯した戦後アジア国際秩序の変容と日本の役割を論じる。

【歴史・領土】
第4章　歴史問題と領土問題のゆくえ
――日韓紛争の構図

波多野澄雄

1　歴史問題と領土問題

歴史認識・歴史問題・領土紛争

現在でも日本外交を大きく制約している要因に、「歴史（認識）問題」と「領土問題」とがある。このうち「歴史問題」は、その性質上、以下の二つに分けることができる。

①歴史教科書、首相の靖国神社参拝など、日本政府や国民の「歴史認識」にかかわる問題、そして②慰安婦や徴用工など被害者に対する具体的な「償い」が求められる問題である。

二つの問題の背後には、近代日本が引き起こした侵略戦争や植民地支配をどのように認識するか、という問いが横たわっているが、紛争の性格には違いもある。前者①の場合、歴史認識の反省や修正を求められることはあるが、具体的な利害関係を争うことはない。基本的に「ことば」(言説)の応酬であるがゆえに、熱しやすく冷めやすい傾向があり、「ことば」が引き金となって大きな運動を引き起こす場合もある。

これに対し、後者②の場合は、被害者「個人」(企業や団体を含む)に対して賠償・補償、謝罪、責任などの具体的な対応が求められる。一九九〇年代以降に外交問題化した慰安婦や強制労働など、いわゆる「戦後補償」と呼ばれる問題群がそれである。

本章は、①の事例として靖国参拝と教科書の問題を取り上げている。二つの問題が「外交問題化」するのは一九八〇年代であり、その後も間欠泉のように噴出して、主に日中、日韓関係を揺さぶることになる。なお、靖国参拝や教科書の問題は中韓との間に共通であるが、両国の対応には差異があり、中国の対応については第2章を参照されたい。

一方、特定の地域の帰属を国家間で争う「領土問題」は、一般的に三つの側面がある。第一は国際法によって判断する「法的側面」である。第二は「利益の側面」である。特定地域の帰属は、周辺海域での漁業権の確保や安全保障上の利益をもたらす。第三は「歴史的正義の側面」である。ある地域を支配されている国は、その回復を歴史的正義とみなすからである(東郷・波多野編 二〇一五)。とくに「帝国日本」の単独支配下にあった東アジア地域は、その傾向が強い。

現在、日本が領土の回復を要求しているのは北方四島(歯舞、色丹、国後、択捉)と竹島であり、日本が実効支配して相手側から放棄を迫られているのが尖閣諸島である。これらの領土問題は、いずれも「歴史的正義」の問題の比重が大きくなっているのが最近の特徴である。

本章では、歴史と領土をめぐる日韓間の紛争を取り上げている。その理由は、帝国日本が引き起こした戦争と植民地支配という両面の「負の遺産」を未だ引きずっているからであり、その克服のあり方は、東アジアの安定と平和にとって重要な意味を持つと考えるからにほかならない。

講和条約と領土処理

本章は領土問題として日韓間の竹島問題を取り上げる。日本による竹島領有は、日露戦争末期の一九〇五年一月の閣議決定、二月の島根県告示によって決まった。韓国側から見れば、日本による独島（竹島）領有は、日露開戦によって始まる植民地化の第一歩にほかならず、独島の実効支配は失った「歴史的正義」を回復する象徴としての意味を持つ。

外交問題としての竹島問題の発生は一九五一年調印のサンフランシスコ平和条約（以下、講和条約）に、その起源を求めることができる。その経緯を他の領土問題を含め、少し遡って確認しておこう。

日本に降伏を勧告したポツダム宣言（第8項）は、「日本に残すべき領土」として、「日本国の主権は本州、北海道、九州及び四国並びに吾等《われら》の決定する諸小島に局限せらるべし」と規定した。その一方、竹島を含む「我らの決定する小諸島」の範囲や帰属先は明示されず、講和条約に託されることになった。

しかし、講和条約（第2条）では、台湾、千島・南樺太、朝鮮について日本による「放棄」を規定したのみで、帰属先は示されなかった。カイロ宣言やヤルタ協定などに照らせば、朝鮮は「独立」、台湾は中国に帰属、千島・南樺太はソ連の帰属というように処遇や帰属先は明瞭であった。

にもかかわらず、なぜ、このような決定に至ったのか。その経緯は複雑でありここでは省略するが、五〇年五月から対日講和の担当となったジョン・F・ダレスの思惑が大きな影響を与えたことを指摘しておこう。それは講和後の関係国間の領土紛争を予期したうえで、アメリカのアジア戦略と国際秩序の安定を優先した処理であった（原 二〇〇五）。

講和後、千島・南樺太は日ソ、尖閣問題は日中、竹島問題は日韓の間の二国間の国交正常化交渉で扱われることになるが、法的問題や利益の問題にとどまらず、戦争や植民地支配に関する歴史認識やナショナリズムと結び付き、それぞれ解決が困難となって今日に至っている。ただ、竹島を含む領土三問題は、八〇年代までは大きな紛争に発展しないよう関係国によって慎重に「管理」されてきており、日本外交を揺さぶるのは二一世紀に入ってからである。

ちなみに、沖縄・小笠原は、戦争によって失われた領土の回復という意味では、最大の領土問題であったが、アメリカにとっては、沖縄はアジア戦略の要としての位置を占め、日米間の返還交渉は難航する。その経緯については第6章で扱っている。

講和条約と歴史問題

次に、戦後補償問題としての②の歴史問題を考えるためには、講和条約とともに、講和に参加しなかった近隣諸国と結んだ国交正常化のための二国間合意の特徴を押さえておく必要がある。本章との関連では、五二年の日華平和条約、六五年の日韓基本条約・請求権協定、七二年の日中共同声明などである。

講和条約を基点とするこれらの一連の二国間合意に共通する重要な特徴は「個人」を含めすべての「請求権の相互放棄」という原則が貫徹されていることである。換言すれば、法的には被害者「個人」はもはやや損失や被害を加害国に請求できないことになる。個人（国民）の被害や損失を国家に集約させ「一括処理」したとも言い得る措置であった。この原則は②の歴史問題の解決にとって大きな壁となる。

韓国の場合、もう一つの壁があった。それは、講和条約における賠償はあくまで「戦争」に起因するもので、植民地統治の被害には及ばないという原則であった。それでも韓国は「戦勝国」の立場で日韓国交正常化交渉に臨もうとしたが、韓国と日本は戦争状態にはなかったとして米英によって拒否されたため、五二年から始まる日韓国交正常化交渉は、日本が朝鮮半島に遺した公私の財産の処分などが「請求権」の問題として難航する。

言い換えると、日本の敗戦は同時に「植民地帝国の解体」をともなったため、講和の過程では植民地（分離地域）の処理が必要になり、日本の在韓財産のほか、在日朝鮮人の処遇、国籍などの問題が長く尾を引くことになる。

いずれにしても、日本政府からすれば、講和条約を基点とする一連の二国間合意（国交正常化）によって、戦争や植民地統治に起因する問題を七〇年代までに決着させ、アジア太平洋の国際秩序の安定に寄与してきたはずであった。しかし近隣諸国との関係が正常化し、新しい段階に入ったことは、歴史問題が発生したときには、ただちに国家間の問題に発展し、国際的に問われる可能性が高くなることを意味していた。

以上を前提に、本章では、冷戦期の紛争を第2節で、冷戦後の紛争を第3節以下で取り上げる。歴史と領土をめぐる日韓紛争は、八〇年代後半からの韓国の民主化や経済発展によって「対等な関係」に変容したことで紛争の性格や両国の対応が変化していくからである（木宮 二〇二一）。

2　一九八〇年代まで――紛争の抑制

第一次教科書問題と韓国

一九八二年六月下旬の第一次教科書問題の発生は国交正常化から一〇周年目の日中の祝賀ムードを一変させたが、まもなく韓国のマスメディアも連日、「歴史の歪曲」を糾弾するキャンペーンを展開した。タクシー組合による日本人の乗客拒否運動が広がり、飲食店では「日本人出入禁止」の張り紙もあちこちに見られた。

全斗煥政権は、難航していた経済協力（対韓円借款）問題が進捗の兆しを見せていたため当初は静観姿勢であったが、反日感情の広がりを前に、日韓交渉は中断を余儀なくされる。八月初旬、李外務部長官が前田大使に教科書の是正を求める覚書を伝えた。是正要求は、朝鮮語禁止を「朝鮮語と日本語の公用語化」などと言い換えた記述、創氏改名や靖国参拝の「強制」があいまいにされた部分などであった。

さらに光復節（八月一五日）が近づくと、糾弾の内容は「日本軍国主義」を是認する「右傾化」風潮の批判へと拡散していく。韓国政府は日本政府の「釈明使節」の派遣も拒絶した（権 二〇一五）。

中韓の反発の前に、八月下旬、日本政府は、文部省や自民党文教族の抵抗を抑え、対外的配慮を優先する形で「政府の責任において是正する」趣旨の宮沢官房長官談話を発表して収拾をはかる。八二年一一月、文部省は「宮沢談話」を受けて、歴史教科書の検定基準の一つに「近隣諸国条項」を設け、「近隣アジア諸国との間の近現代の歴史的事象の扱いに国際理解と国際協調の見地から必要な配慮がなされていること」と規定した。

これらの日本側の対応は事態を収束に向かわせる。翌年八三年一月、電撃訪韓した中曽根首相は、「遺憾ながら過去において不幸な歴史があった」と述べるにとどめ、全斗換大統領も「お互いに謙虚に反省しあい、心機一転の姿勢と決意をもって新たなレベルの関係が築かれるよう強く願う」と応じた。両首脳は日韓「安保経済協力」の強化の見地から、国民の感情的反発の抑制に意を用いた成果であった（若月 二〇一七）。

八四年九月、訪日した全大統領の歓迎晩餐会で、昭和天皇は「お言葉」のなかで、「今世紀の一時期において両国の間に不幸な過去が存在したことはまことに遺憾であり、再び繰り返されてはならないと思います」と述べた。中曽根は、「お言葉」を補うべく植民地支配に対する日本の責任を事実上、認める挨拶を行った。韓国側はこれを「過去の歴史に対する外交的な謝罪」と受けとめ、両国関係は新しい段階に入ったかに見えた。

中曽根首相の靖国参拝

八五年八月一五日、中曽根首相は戦後の総理として初めて公式に靖国神社に参拝した。それまで靖国問題といえば、閣僚の参拝が合憲か違憲かという国内問題であった。中曽根首相の参拝は、宗教色を帯びない参拝形式であれば憲法に抵触しないとする政府（内閣法制局）の判断を踏まえたものであった。しかし、中国から思わぬ反発を招くことになる。

八月下旬の『人民日報』は、「侵略戦争の責任者」であるA級戦犯が靖国神社に祀られていることを取り上げ、首相の公式参拝は、「侵略戦争の性質と責任をあいまいにするもの」と批判した。東條英機元首相ら刑死したA級戦犯が一九七八年に靖国神社に合祀されていたが、それに反発したわけである。合祀とは、天皇の名による戦争や事変における戦死者一人一人を靖国神社に祭神（神）として祀るという明治以来の宗教的儀式で、総数で二四六万柱（二四六万人）、うち太平洋戦争期の戦死者が九割にのぼる。

ただ、韓国では、中曽根の靖国参拝は、中国ほど大きな問題とされず、直後の第三回日韓閣僚会議の妨げにはならなかった。

中曽根以降の一〇年間、首相、外相、官房長官の靖国神社参拝は公私にかかわらず途絶える。後藤田官房長官が、講和条約によって東京裁判の判決を日本が受諾したという事実を踏まえるならば、公式参拝を懸念する「相手の感情を無視することはできない」として、公式・非公式を問わず参拝を中止するよう党の有力者や閣僚を説得した結果であった。

藤尾発言と韓国

一九八六年八月下旬、内閣改造によって文部大臣に就任したばかりの藤尾正行が、『文藝春秋』一〇月号（九月発行）に、韓国併合の責任の一端は韓国側にもあること、靖国参拝を見送った首相の判断は弱腰であること、などを語ったインタビュー記事が掲載されることが明るみに出た。藤尾は直ちに、中曽根首相によって罷免された。閣僚の罷免は三三年ぶりであった。

八六年九月下旬、二度目となる韓国を訪問した中曽根は、全大統領に藤尾発言を謝罪した。全は「国民の自尊心が傷つけられたが、首相の早い決断で解決したことを満足している」と評価した。

中曽根は、靖国神社参拝の断念、教科書の修正指示、藤尾の罷免と、いずれのケースも対外的配慮から国内の右派勢力に抗して、中韓との円滑な関係維持を優先した（若月 二〇一七）。とくに韓国の場合は、日韓の戦略的協力を優先する中曽根の強力なリーダーシップが、教科書、靖国といった、移ろいやすい歴史問題の噴出を抑えていたのである。

竹島（独島）——韓国の実効支配

アメリカ主導の講和条約の作成の過程では、竹島の帰属は日本か韓国かで揺れ動くが、結局、五一年六月の最終草案において日本の主権下に置く方針で決着した。韓国政府は「独島」の韓国帰属を講和条約に明記するようアメリカ政府に働きかけるものの、五一年八月の回答（ラスク書簡）で、この島は「我々の情報によれば朝鮮の一部として取り扱われたことは決してない」と指摘した。このラスク書簡によって竹島問題は決着したはずであった。

だが、韓国政府は講和条約の調印後の五二年一月には、竹島を含む水域に対して一方的な主権宣言を行った（李承晩ライン宣言）。この李ライン宣言が竹島問題の発端である。

韓国政府は、歴史的、法的な正当性というより、アメリカの対日政策が「寛大な講和」に傾き、さらに講和会議に招かれなかったことなどから、竹島が日本に渡るのを見逃すことはできなかったのであろう（原 二〇〇五）。五四年の夏には、韓国政府は実効支配を確立し、韓国官憲が常駐するようになる。

その後、日韓国交正常化交渉の過程で、韓国側は独島問題を国交正常化後に討議するという立場を主張し、日本側は国際司法裁判所への提訴も視野に入れ、交渉対象とする必要性を指摘するという応酬に終始した。日本側は合意が困難と判断すると、「紛争解決に関する交換公文」によって領有権問題に関する議論の余地を残そうとし、公文中に「独島を含む両国間のすべての紛争」の明記を主張した。しかし、韓国側は実効支配する独島は対象ではないと主張して相いれなかった。現在まで解釈の相違は埋まっていないが、双方とも解釈の違いに異議を挟まないという「暗黙の了解」が成立したとされる。

国交正常化後、日韓両国は竹島問題に高い比重をおかず、漁業問題についても、領有権問題と切り離すことで共通の利益を追求してきた。日韓双方は抗議と反論の応酬を形式的に繰り返すが、日本政府が韓国の実効支配を事実上容認し、竹島周辺を実質的に共同利用するという管理方式を定着させてきた。

しかし、抑制された両国の姿勢も二一世紀に入って大きく揺さぶられる。

3 一九九〇年代——慰安婦問題の噴出

「戦後補償」問題の浮上

一九九〇年代半ばから、韓国や中国の被害者が「個人補償」を求めて日本の裁判所に提訴する事案が急増する。強制労働、慰安婦、在外被爆者、細菌戦など「戦後補償」と呼ばれる問題群である。中国では、国家間の戦争賠償と人民に対する損害賠償とを区別し、前者は日中共同声明によって放棄したが、後者は放棄していないとする解釈がこうした動きを支え、中国政府も容認していた。

日本側からすれば、戦後補償という問題の提起は、個人の被害補償を想定しない講和条約体制への挑戦であった。講和条約体制を外から支えた冷戦の終焉、内から支えた自民党支配の揺らぎがその背景であった。

「戦後補償」という言葉には、「加害国」による被害者「個人」に対する「償い」という意味があり、法的救済というより道義的観点からの救済が重視される。戦後補償問題のなかで、慰安婦問題はその象徴的、代表的なものである。

戦後、慰安婦の存在は、兵士や女性たちの苦い記憶のうちにとどまり、八〇年代まで公然と語られることは稀であった。それが八〇年代後半の韓国における民主化運動の波のなかで、性暴力の問題に取り組む女性団体による「告発」によって注目を集めるようになる。

九〇年六月、強制連行者の名簿調査に関連し、労働省の局長が、国家総動員法に基づく徴用の業務と慰安婦は無関係であり，慰安婦は「民間業者が連れて歩いた」ようであり，「実情を明らかにすることはできかねる」と答弁した。この時点では、日韓の問題としては、植民地時代に徴用された労働者の強制連行が中心であった。

この発言に反発した韓国の女性団体は、同年一〇月、海部首相宛に，慰安婦の強制連行の事実を認め，謝罪と補償を求める公開書簡を送った。さらに一一月には、三〇を超える女性団体を傘下におく「韓国挺身隊問題対策協議会」（挺対協＝韓国では挺身隊は慰安婦と同義語であったため、この名称が使われた）が結成された。

慰安婦問題と河野談話

九一年一二月、元韓国人慰安婦の三名が国家補償を求めて日本政府を相手どって東京地裁に提訴した。さらに翌九二年一月一一日、『朝日新聞』は一面トップで、防衛庁で発掘された資料を「軍の関与」を示すものとして報じた。資料とは、日中戦争の勃発から一年後、強姦事件の頻発を防ぐため「成るへく速に性的慰安の設備を整へ」るべし、とする北支那方面軍参謀長の通牒などであった。

この報道は、それまでの日本政府の見解を覆し、慰安婦の募集や慰安所の統制・管理に日本軍が深く関与していた事実を示すものとして、韓国世論を真相究明、謝罪、賠償に一挙に向かわせる効果を持った（木村 二〇一四）。九二年一月中旬に訪韓した宮沢喜一首相は謝罪と反省を繰り返し、本格的な調査を約束した。

政府機関所蔵の資料を調査した政府は、軍や官憲が慰安婦の徴募や慰安施設の設置に直接的に関与したことを示す証拠はなかった、と結論付けた。だが、韓国政府は、日本政府の調査を不十分として「徹底した真相究明と適切な措置」を求めた。

さらなる調査と対韓折衝を急いだ日本政府は、九三年八月、河野官房長官談話を発表した。海外における資料調査や慰安所経営者からの聞き取りなど幅広い調査に基づく河野談話は、韓国側が重視する募集段階における「強制性」について、「軍の要請を受けた業者が主としてこれに当たったが、その場合も、甘言、強圧による等、本人たちの意思に反して集められた事例が数多くあり、更に、官憲等が直接これに加担したこともあった」と表現された。

さらに、「当時の朝鮮半島は我が国の統治下にあり、その募集、移送、管理等も、甘言、強圧による等、総じて本人たちの意思に反して行われた」との表現も加わった。

韓国政府は、河野談話を「軍隊慰安婦の募集、移送、管理等において全体的な強制性を認定」したもの、と評価する論評を発表した。

他方、河野談話は「お詫びと反省の気持ち」を「我が国としてどのように表すか」という点で検討を約束していた。個人補償の途が閉ざされているなかで、「償い」の方法をどのように切り開くのか、この問題に取り組んだのが村山内閣であった。

村山内閣と「平和友好交流計画」

九四年八月末、村山首相は韓国、東南アジアを訪問後、日本の侵略と植民地支配に「深い反省」を表明したうえ、日本国民とアジア諸国民との「相互理解と相互信頼」のため二本柱からなる「平和友好交流計画」を発表した。その一つは、「歴史を直視」するための歴史研究支援事業であり、もう一つは、知的交流や青少年交流事業であった。全体で一〇年間、一〇〇〇億円相当の事業規模にも言及した。事業の対象は慰安婦問題だけではなかったが、ここでは省略する。

村山首相は、河野談話を受け慰安婦問題について「幅広い国民参加の道」の探究を約束していたが、その具体化は与党三党（自民、社会、新党さきがけ）による「従軍慰安婦問題等小委員会」に託された。小委員会では、「国家補償」をめざす社会党と、これに反対する自民党が対立した。政府は、個人の請求権問題については講和条約や日韓請求権協定で解決済みである以上、国家による個人補償は不可能との立場であった。

最終的な報告書は、「国家補償」の立場を否定したうえで、「我が国政府としては、道義的立場から、その責任を果たさなければならない」として、幅広い国民参加を可能にする「基金」案を示した。政府もこの基金に資金拠出を含む可能な協力をすることになっていた（和田 二〇一〇）。

この報告を受け、九五年七月、村山内閣は「女性のためのアジア平和友好国民基金」(アジア女性基金)を財団法人として発足させた。

アジア女性基金――「国民的償い」事業

「国民的な償い」事業は主に三本柱からなる。第一は、元慰安婦に対する「償い金」の支給、第二が、首相による元慰安婦の方々への「手紙」である。この「手紙」は、「日本国総理大臣」として、「心身にわたり癒し難い傷を負われたすべての方々に対し、心からおわびと反省の気持ちを申し上げます」と述べ、首相による明確な謝罪を表現していた。第三は、医療・福祉支援事業であった。

これらの事業は、各国別に意向打診のうえ実施されたが、とくに韓国において難航した。韓国政府は当初、基金の設立を歓迎していたが、九三年からの歴代政権は、元慰安婦に対する補償は、韓国政府が実施するとして基金事業を拒否するようになる。こうして韓国については九九年に事業は中止される。

二〇〇七年に終了した基金事業は首相の手紙と償い金が二八五人(フィリピン二一一人、韓国六一人、台湾一三人)の被害者に手渡されたが、韓国と台湾では受領した元慰安婦は認定・登録者の三分の一に及ばなかった。

中国に対しても事業実施が打診された。だが、中国政府は「この問題のふたを開けると大変なことになる。日本にそれに対応するだけの覚悟がありますか、中国を対象とすることは止めた方がよい」と、逆に説得されたという(谷野 二〇一五)。関係の不安定化を恐れた日中両国政府は、政府ベースでは基金事業を実施していない。

「国民基金」をめぐる論争

ところで慰安婦の徴募が官憲による「強制的な連行」であったか否かが争点となったのは、官憲の関与が明らかとなれば、国家補償という選択もあり得たからである。あくまで国家補償を求める日韓双方の民間団体からは、アジア女性基金は国家責任を回避する措置であるとして、烈しい批判の対象となった。

しかし、政府は国家による補償や謝罪の立場をとることはなかった。官憲が慰安婦の徴募に直接、関与したことを示す文書資料が発見されなかったことがその理由であるが、さらに別の事情もあった。それは、シベリア抑留者や戦災被害者など補償が不十分、あるいは未だ補償がなされていない日本人被害者とのバランスを崩すこと、さらには「個人補償」に踏み込むことによって、法的枠組としての講和条約体制を踏み外す可能性があったことによる。

人道・人権問題としての国際的広がり

慰安婦問題は、単に日韓の問題にとどまらなかった。九三年から国連人権委員会でも議論されるようになる。翌年に「女性に対する暴力特別報告者」に任命されたクマラスワミ女史が韓国、日本を公式訪問し元慰安婦に面接調査を実施して、いわゆる「クマラスワミ報告書」を国連人権委員会に提出した。

報告書は、元慰安婦を「性奴隷制」の被害者と位置付け、アジア女性基金について「道義的観点から歓迎するが、国際法上の法的責任を免れさせるものではない」と指摘したうえ、日本政府に対し、公式謝罪と補償、関係者の処罰などを勧告していた。決議は九六年に人権委員会によって採択されるが、日本政府は決議そのものには賛成したが、付属の「クマラスワミ報告書」については、アジア女性基金によって誠実に対応しているとして、報告書の法的見解は受け入れなかった。

この頃から「慰安婦」ではなく、「性奴隷」(sex slaves)という呼び方が運動団体や国連のなかで常用語となっていく。こうして慰安婦問題は国際的な人権・人道問題として広がり、二〇〇〇年代には、欧米や韓国で慰安婦記念碑や慰安婦の銅像が次々に建立される事態となる。

慰安婦問題の波紋

その一方で、慰安婦問題は、国内でも戦後補償問題に取り組む多くの市民団体を生み出した。とくに、九七年に発足した「戦争被害調査会法を実現する市民会議」の運動は、民主党や社民党をも巻き込んで九九年の超党派議員立法による「恒久平和調査局設置法案」の衆議院上程の推進力となる。この法案は、強制労働、化学兵器、非人道的行為など実態解明を目的とし、〇六年まで四度も衆議院に上程されながら、いずれも審議未了となった。

また、慰安婦問題は、その解決とは逆行する運動を生み出す。河野官房長官談話が、慰安婦問題の歴史教育への反映を約束していたがために、九七年版の中学生用の歴史教科書のすべてに慰安婦記述が掲載され、それに反発する市民グループが「新しい歴史教科書をつくる会」を結成したからである。

この「つくる会」による中学歴史教科書が、〇一年四月に検定合格したとき、中韓は激しく反発した。しかし、それまでの日本政府の対応と異なり、当時の森内閣も次の小泉内閣も修正に応じなかった。〇一年七月、韓国政府は日本文化の開放停止という措置をとり、自治体や民間レベルの交流事業が中止されるという事態にも発展するが、まもなく終息する。教科書検定制度が中韓に理解されてきたこと、国際協調を損なうような教科書が高校や中学の教育現場では採択率が低かったことが、その理由であろう。

村山談話と日韓共同宣言

九五年の終戦記念日に発表された村山首相談話（戦後五〇周年談話）の核心部分は、日本の「植民地支配と侵略」によって被害を受けたアジア諸国民に対する「痛切の反省」と「心から（の）お詫び」の表明である。それまで首相や閣僚による謝罪や反省は珍しくなかったが、その言葉の「軽さ」が目立っていた。しかし、村山談話は一時しのぎではなく、政権交代によっても踏襲されるべき政府の意思表明として首相官邸を中心に立案され、閣議決定を経たものである。談話は国内の歴史認識の分裂を統合に向かわせるものではなかったものの、「侵略戦争か否かは、考え方の問題だ」といった発言は少なくとも閣僚からは聞かれなくなった（服部 二〇一五）。

村山談話は、社会党首班の連立政権であったから可能であったというより、政府間の法的枠組を堅持しつつも、噴出するアジアの被害者の訴えに「経済大国」として誠実に答えようという、宮沢政権以来の問題意識を踏まえたものであった。村山談話は近隣諸国にもかなり浸透し、九八年の日韓共同宣言の案文作成の基礎ともなり、同年の日中共同宣言でも、村山談話の「遵守」がうたわれた。

日韓共同宣言には次のような部分がある。

日韓首脳会談において、小渕恵三首相は、村山談話そのままの表現で「痛切な反省と心からのお詫び」を述べた。これに対し、金大中大統領は、小渕総理の「歴史認識の表明を真摯に受けとめ、これを評価すると同時に、両国が過去の不幸な歴史を乗り越えて和解と善隣友好に基づいた未来志向的な関係を発展させる」と応じた――。

この共同宣言は、植民地支配を日本政府が謝罪し、韓国側がそれを真摯に受け入れ、互いに未来志向的な関係構築をめざし努力する、という「戦後和解」の形式と内容からすれば、派手な演出もなかったが、日韓関係史上、画期的な共同宣言であった。

ただし、共同宣言に基づいて様々な分野における「協力」が合意されたが、その後、協力関係は深まらなかった。その背景には冷戦終焉後の両国関係の変化がある。

冷戦期を通じて、南北間の体制間競争において韓国の優位が揺るぎないものとなったことを踏まえ、両国は新たな日韓協力のあり方を模索してきたが、その到達点がこの共同宣言であった。

しかし、九〇年代以降、韓国の経済成長にともなう国力の均衡、民主主義や人権の尊重など価値観の共有、人の往来の急増による社会の接触面の拡大など日韓関係に大きな変化が起こった。こうした変化が、「協力」よりも「対立と競争」として特徴づけられる関係を生み出すことになった（木宮 二〇二一）。

4 二〇〇〇年代――紛糾する歴史と領土

靖国参拝の復活

二〇〇一年四月、新内閣を発足させた小泉純一郎首相は、終戦記念日には必ず参拝すると明言していた通り、靖国神社参拝を復活させた。ただ、連立相手の公明党や、予定されていた訪中、訪韓に対する外務省の懸念などに配慮し、参拝は二日前倒しして八月一三日であった。小泉は参拝後に「戦没者に心からなる敬意と感謝の誠をささげ、あのような戦争を二度と起こしてはならないと不戦の誓いを新たにした。〔中略〕A級戦犯とか、特定の個人にお参りしたわけではない」と語った。福田官房長官が発表した「靖国神社参拝に際しての談話」でも、村山談話の歴史認識を踏襲することを明言していた。参拝は事前にわかっていたため、外交当局は中韓との首脳会談を素早く設定し、両国の反発抑制に努めた。

同年の一〇月、中国に続いて韓国を訪問した小泉首相は、金大中大統領との会談に先立ち、植民地支配による苦痛と損害に対して「心からの反省とおわび」を記者団に語った。金との会談では、九八年の日韓共同宣言の遵守、靖国問題では「内外の人がわだかまりなく平和の祈りを捧げられる方法を検討する」と述べた。小泉と金は、一〇月下旬にも上海で再会し、日韓歴史共同研究の推進、新追悼施設の検討会を早急に立ち上げることに合意した。

最初の参拝のあと、中国、韓国とも二回目はないものと期待していた。しかし、小泉首相は、その後も毎年参拝を続け、最後の六回目は〇六年の終戦記念日であり中曽根首相以来、二一年ぶりであった。連立与党の公明党や外務省幹部の参拝自制の要求にも取り合わなかった。そのため中国とは首脳会談が開けない事態に陥っていく。

「竹島の日」制定をめぐる紛糾

一方、日韓の間では、〇三年二月の小泉の訪韓、六月の盧武鉉大統領の国賓としての訪日は滞りなく実現した。二〇〇四年七月の済州島での首脳会談後には盧武鉉は「私の任期中は歴史問題を公式に提起しない」と語った。さらに同年一二月の鹿児島での首脳会談では、毎年相互訪問を繰り返す「シャトル外交」の制度化で合意した。だが、それもつかのま竹島問題が急浮上する。

〇五年二月、島根県議会に「竹島の日」制定条例案が提出されると、韓国政府は、日本政府と島根県に条例案の即時撤回を要求した。直後の記者会見で、高野紀元駐韓大使は「竹島は歴史的にも法的にも日本の領土」と述べた。日本政府の公式見解そのままであったが、この発言は韓国のメディアで、「日本大使がソウルのど真ん中で妄言（問題発言）」などと報じられ大使館にデモが押しかけ反日集会が開かれる、といった事態となった（権 二〇一五）。

反日デモはまもなく収まるが、盧武鉉は三月中旬、「新韓日ドクトリン」を発表し、「独島及び過去史問題に対する断固とした対応」を打ち出した。〇五年六月の日韓首脳会談で盧武鉉は靖国参拝問題が「日韓間の歴史問題の核心である」と指摘し、参拝の中止と新たな追悼施設の建設を改めて要求した。

靖国参拝を個人の「心の問題」と考える小泉にとって、歴史認識はまた別の問題であった。〇五年の終戦記念日には村山談話以来、一〇年ぶりの閣議決定を経た「終戦六〇年談話」を発表し、「侵略と植民地支配」の対象を「中国や韓国をはじめとするアジア諸国」と明示した。「近隣諸国」とのみ記されていた村山談話とは異なり、その狙いを明らかにしていた。

「国立追悼施設」をめぐる紛糾

首相の靖国参拝について、韓国が首脳会談のたびに要求したのが新追悼施設の建設であった。金・小泉の合意（前述）を受けて、〇一年一二月、政府は、福田官房長官の諮問機関として「追悼・平和祈念のための記念碑等施設の在り方を考える懇談会」（追悼懇）を発足させた。追悼懇は約一年の検討を経て、靖国神社などの施設の存在意義を損なわない範囲で新施設を容認するという趣旨の報告書をまとめた。

新施設容認の方向性を示した追悼懇の報告書の公表は、新施設の是非をめぐって政界を二分した。首相の靖国参拝の定着化をめざす国会議員グループは、国立施設に断固反対との決議文を採択して二六〇名を超える超党派の衆参議員の署名を集めた。一方、新施設構想に賛同するグループは〇五年一一月、超党派議員連盟「国立追悼施設を考える会」を発足させ、翌年には一三〇名を擁する勢力となった。韓国側の要請を持ち帰った山崎拓（自民党副総裁）が取りまとめ役を担《にな》った（権 二〇一五）。

両者の対立はポスト小泉の後継レースに波及した。ポスト小泉の有力候補は安倍晋三と福田康夫であった。〇六年七月二〇日、A級戦犯の合祀が、昭和天皇が参拝を避けてきた理由となっていたことを示す「富田メモ」の存在が『日本経済新聞』の報道で明らかとなると、新追悼施設の問題は総裁選の重要争点として大きく浮上しそうになったが、その直後、福田は総裁選への不出馬を表明した。

九月二〇日の総裁戦で安倍が圧勝すると、その直後に首相としての安倍の中韓訪問が発表される。両国訪問のすばやい設定には、靖国問題で共闘姿勢を示していた中韓の機先を制するねらいがあったが、行き詰まったアジア外交打開のため、水面下で「戦略対話」を継続していた外務当局の成果でもあった（宮城二〇一六）。

総じて靖国問題は変動期にあった日本政治を翻弄するものの、国政選挙の争点となることは一度もなかった。それだけ与野党の双方にとって扱いがたい問題であると同時に、先延ばしも可能な争点でもあった。

第一次安倍内閣から福田・麻生政権の時代には、日中韓サミットの定例化などによって歴史と領土の外交問題化は抑えられていた。

5　二〇一〇年代以降——歴史と領土の「一体化」

二〇一〇年代になると、均衡になってきた日韓関係は、多くの分野でより「競争・対立」の側面が目立つようになる。とくに「歴史」（慰安婦）と「領土」（竹島・尖閣）とは〇九年の政権交代で誕生した民主党政権を揺さぶることになる。民主党は新追悼施設の建設をマニフェストに掲げたものの、政権内に反対グループを抱えていたことから選挙公約からは外していた。

菅談話とその波紋

韓国併合一〇〇周年の二〇一〇年八月、菅直人首相は、村山談話を踏襲する「菅談話」を発表した。植民地支配について「当時の韓国の人々の意に反して行われた」とし、その「強制性」を認めた点に新しさがあった。それまで韓国政府は、併合条約は「締約当時から、法的に源泉無効」、すなわち「違法」とする立場をとっていた。菅談話は、違法性こそ認めなかったものの、韓国政府にかなり寄り添った解釈を示したことになる。

菅談話を高く評価した韓国政府は一〇年一一月、横浜の日韓首脳会談では、菅談話で表明された『朝鮮王朝儀軌』などの朝鮮半島由来の書籍の引き渡しに関する協定に応じ、小泉政権下で中断していた日韓シャトル外交の再開にも合意した。

こうして民主党政権の時期には、植民地支配に関する歴史認識において日韓の政府レベルではかなり近づいたかに思われた。だが、被害者支援団体の挺対協は「植民地被害への具体的な解決策が示されていない」として、「植民地被害者」に即刻、立法措置を促す声明を発表した。民主党政権に対する期待が失望に転ずると、挺対協の反日デモは再び活発となり韓国系アメリカ人にも及ぶ。一〇年一〇月には、ニュージャージー州にアメリカでは初の「慰安婦」記念碑が設置された。世界に広がる慰安婦像や記念碑の先駆けとなる。

一一年八月、韓国の憲法裁判所は、韓国政府が慰安婦問題の解決に努力しない不作為は憲法違反であり、被害者の基本権侵害と宣告した。韓国政府が慰安婦問題を請求権協定に基づいて解決しなかったため、一〇〇名を超える被害者が財産権、人間の尊厳を侵害されたとして、憲法訴願審判を請求したことに対する五年ぶりの判決だった。ここにきて韓国政府は日本政府に対して、謝罪と法的責任を求める強硬姿勢をとらざるをえなくなった。

同じ二〇一〇年、韓国国会は、「独島問題は、大韓民国に対する植民地化過程において、日本が強制的に不法編入して発生した歴史問題」である、との決議を採択した。領土問題は植民地化を媒介に、ますます歴史との結び付きを深めていく。

李大統領の竹島上陸

一一年一二月、野田佳彦新首相と京都で会談した李明博大統領は慰安婦問題を持ち出し、解決済みを主張する野田と激論となった。さらに翌一二年八月に、李は歴代大統領として初となる竹島上陸を敢行した。

玄葉光一郎外相は、竹島の領有権問題の解決のため、国際司法裁判所への提訴を韓国側に打診するものの、一九五四年と六四年と同じく韓国側は拒否した。

さらに李大統領は、一二年八月一四日、韓国内の会合で「天皇が訪韓したいのであれば、独立運動家に謝罪するべきだ」と発言し、日本社会の大きな反発を招いた。日本政府は大使召還など対抗措置をとり、日韓関係は一挙に断絶状態に陥った。一方、日本政府は、教科書記述や広報活動などを通じて「領土・主権」教育の徹底を図る方針を定めた。慰安婦問題をめぐる摩擦が領土問題に「飛び火」した形となったのである（木宮 二〇二一）。

アメリカと歴史問題

二〇一二年一二月、第二次政権を発足させた安倍首相は、二年後の一四年一二月、連立を組む公明党の反対を押し切って靖国参拝を敢行した。首相による参拝は小泉首相以来、七年ぶりであった。国内世論は賛否が二分されたが、対外的には中韓はもとよりEUやシンガポールからも強い批判を浴びた。

とくにアメリカの反応は際立っていた。在日米大使館は直ちに、「日本の指導者が近隣諸国との関係を悪化させる行動をとったことに、米国は失望している」との声明を発表した。アメリカは、小泉政権時は参拝への批判を避けていたが、その時の対応とは明らかに異なるものであった。

安倍の参拝直前、来日していた国務長官が千鳥ヶ淵墓苑に献花していたが、アーリントン墓地に匹敵するのが、靖国神社ではなく無宗教のこの墓苑であることを示唆する行動であった（宮城 二〇一六）。

朴槿恵政権下（二〇一三〜一七年）の日韓関係は、慰安婦をめぐる対立一色に塗りつぶされ、双方の外交努力の大半がこの問題に費やされた。日本政府を悩ませたのは、朴大統領が慰安婦問題における日本の譲歩を首脳会談の開催の前提としたことであった。日本政府は歴史問題とそれ以外の外交懸案を切り離す、いわゆる「2トラック」による首脳会談を呼びかけたが、朴政権は応じなかった。

アメリカ政府は、対北朝鮮対応で日韓の足並みが乱れることを懸念し、オバマ大統領が両首脳の仲介に乗り出し、一四年三月、オランダの国際会議でオバマが同席する形で三者会談が実現した。さらにオバマは一五年一一月には、日中韓サミットの開催時に初の安倍・朴会談の実現を仲介した。

日韓合意とその結末

一方、安倍政権も韓国との関係を改善し、対北朝鮮対応において日中韓の結束をかため、同時に領土や歴史をめぐる中韓両国との対立を避けようとしていた。一方、朴大統領は、アメリカの仲介努力にもかかわらず一四年七月には習近平主席との共同声明において、慰安婦問題に関する連携を確認していた。

だが、一五年の国交正常化五〇周年の節目に、韓国外交当局は、「2トラック」アプローチを受け入れるようになり、局長級協議が繰り返された結果、一五年一二月、慰安婦問題では初となる「日韓合意」にこぎつけた。合意内容は、安倍首相によるお詫びと反省の気持ちの表明、元慰安婦を支援するための財団（和解・癒し財団）の設立に日本政府が一〇億円を拠出し、この問題の「最終的かつ不可逆的な解決」を確認するものであった。

この日韓合意は、アジア女性基金の教訓から、日本政府予算の「一括拠出」と「両政府の協力」が強く打ち出され、新たな財団は両政府の事実上の共同責任で運営されることになっていた（西野 二〇一七）。

さらに、「今後、国連等国際社会において、互いに非難・批判することを控える」と合意したことも重要であった。朴大統領はしばしば外遊先で、「歴史を直視しない日本」などと日本非難を繰り返し、日本国内では「告げ口外交」と揶揄されていたが、こうした言動を控えるという約束であった。

しかし、韓国側では合意に強く反発する挺対協などの被害者団体の抵抗、さらに一〇億円の拠出は日本大使館前の慰安婦像の撤去が前提だ、といった日本の政府・与党関係者の発言が合意の履行を妨げた。

次の文在寅政権は、発足直後から「積弊清算」の名のもとに、日韓合意の見直しに乗り出し、合意には被害者の意思が反映されていないとする「被害者中心主義」の立場から、合意の破棄に動く。日本政府の拠出金は財団を通じて一部の元慰安婦や遺族に提供されたものの、文政権は一八年一一月、財団を一方的に解散した。

徴用工問題の浮上

その直前、一八年一〇月、韓国大法院（最高裁）は、いわゆる「徴用工」（朝鮮半島出身労働者）裁判で原告の韓国人被害者に対する賠償を日本企業に命ずる判断を下した。日本統治時代に、労務動員によって過酷な労働を強いられたとして日本企業を訴えていた元韓国人徴用工に対する確定判決であった。大法院は、「不法な植民地支配」と直結した日本企業の「反人道的な不法行為」に対する原告の個人請求権は、日韓請求権協定によって消滅していない、と判断した。

朝鮮人の「強制連行・強制労働」という問題は、九〇年代初頭には日韓間の懸案となっていた。日本でも労働省を中心にその実態調査が行われていたが、その過程で慰安婦問題が急浮上したため、やや後景に退いた感があった。しかし、韓国にとっては、見過ごせぬ問題として、その補償のあり方や法的対応について議論が続いていた。

〇五年、韓国政府は、植民地統治下の「反人道的不法行為」に対する賠償請求権は日韓請求権協定の範囲外で「未解決」とする公式見解を発表していたが、それを踏まえた判決であった。個人の被害に対する補償は請求権協定で解決済みとみなす日本の立場とは正反対であった。

日本政府は、ただちに判決は国際法違反であるとして韓国政府に強く善処を求めた。ここに日韓関係は歴史問題（徴用工問題）に関する司法上の対立にとどまらない深刻な事態に発展する。

対日批判と日韓危機

文政権は、日本政府の再三の善処要請に、李洛淵首相をトップに対応策の検討に乗り出すが、一九年五月、李首相チームは対応は困難との認識を示した。これに反発した安倍政権は、同年七月、対韓輸出管理措置の見直しを断行した。表面上は韓国の輸出管理措置に対する安全保障上の不信感が理由であったが、大法院判決に有効な対応を示そうとしない、つまり歴史問題への韓国側の「不作為」への「報復」こそがその狙いであった。

韓国内では、官民が一体となって対日批判を強め、日本製品の不買運動が広がり、日本系企業・商店は相次いで閉店に追いこまれた。過去最高を記録していた訪日客も一気に流れが止まり、日韓航空路は運休を余儀なくされる。

こうした動きに後押しされた文政権は、政権内の反対を押し切って、日韓の軍事情報の共有を円滑化するための軍事情報包括保護協定（ＧＳＯＭＩＡ）の破棄に踏み切った。これに対しアメリカ政府は態度を硬化したため、一九年一一月、韓国政府はＧＳＯＭＩＡの破棄を撤回した。この間、日本政府は実務レベルの協議は継続するものの、徴用工問題が進展しない限り、首脳会談や2トラック方式も呼びかけるのを拒んだ。

歴史問題をめぐる摩擦が、安全保障や経済の領域にまで拡散するという、両国がもはや管理・制御しがたい紛争に発展する危険性を示したのである（木宮 二〇二一）。

二二年に尹錫悦新政権が発足し、翌年三月、尹大統領は大法院判決が確定した原告に、政府傘下の「被害者支援財団」が日本企業に肩代わりして賠償金相当額を支払う、その財源は韓国の民間企業の寄付で賄うという方針を公表した。それは日本側の協力を求めていない点で、これまでの財団案と異なっていた。アメリカも日本政府も好意的に受け止めたが、韓国内には過剰な対日譲歩を「最大の屈辱」として反対する勢力もあり、予断を許さない。

植民地支配の不法性・不当性に固執する韓国では日本政府を被告に、慰安婦や徴用工に関する国内訴訟が今も続いている。日本政府は国際法上の「主権免除の原則」（主権国家とその財産は、外国の裁判権から免除されるという国際法上の法理）をもって対応しているが、韓国司法の判断は揺らいでいる。

6 「紛争の抑制」のために

冒頭で述べたように、日韓紛争は、①植民地支配と戦争をどのように認識するか、という「歴史認識」

の問題、②戦後補償問題のように、補償・賠償、謝罪など具体的な償いをともなう「歴史問題」、という二種類の「歴史問題」、そして竹島の主権を争う「領土問題」によって構成される。

これらの次元の異なる紛争について、いったい「解決」に至る出口は見つかるのだろうか。当面の課題は、外交問題化するのを抑制すること、すなわち「政治化」させないことである。そのための条件や論点を考えてみたい。

新追悼施設と靖国神社

まず、首相による靖国参拝が「外交問題化」した原因は明らかである。刑死したA級戦犯七人が数百万人の兵士とともに合祀されているからである。

解決策の第一はA級戦犯の分祀である。分祀とは、A級戦犯で死刑となった七名を靖国神社以外の施設に移すことを意味している。靖国神社に対する分祀の働きかけは、中曽根政権以来、様々なルートでなされてきた。

第二は、新たな国立の追悼施設の建設である。関連して宗教色のない千鳥ヶ淵戦没者墓苑を拡充し、靖国神社に祀られている戦死者の慰霊もこの墓苑に移すという案も何度か検討された。

しかし、靖国神社は、分祀も新施設の建設も、いったん合祀された戦死者の慰霊（御霊）を分離することはできない、という宗教上の理由から受け入れていない。ちなみに韓国政府は、植民地時代に「日本兵」として戦死し、合祀された二万人の韓国人名簿を日本側に提供し、かれらの慰霊を除外するよう要求したものの、靖国神社は拒絶している（鄭 二〇一五）

第三は、首相や閣僚の参拝をやめることである。参拝をしばらくの間停止し、その間に天皇や外国要人の公式参拝が可能となる環境を整備する、という考え方もある（東郷 二〇一五）。

最も望ましい解決策は、靖国神社自身が国の支援を得られるよう自ら改革を実施することであるが、神社が宗教施設としてとどまろうとする限り、それも難しい。いずれにせよ、戦後においても、公務に殉じた人々を追悼する国の施設もない現状は打開しなければならない。

遡ってみれば、占領下のＧＨＱによる介入（神道指令）の結果とはいえ、Ａ級戦犯を含め戦没兵士をいかに慰霊・追悼するか、という重大な問題に国が介入できないまま靖国神社に預けたことが、今日の事態を招いてしまった。とすれば、国家による戦没者追悼の意味は何か、追悼施設の必要性といった根本問題について国民的な議論が必要なのかもしれない。

「和解政策」の限界――「正義論」の壁

九〇年代以降、日本政府は講和条約体制の法的枠内で様々な「和解政策」を展開してきた。平和友好交流計画、河野談話、村山談話、アジア女性基金、菅談話、日韓歴史共同研究などである。いずれも慰安婦など「戦後補償」と呼ばれる問題群を意識したものである。これらの和解政策は近隣諸国の政府レベルの関係改善には寄与してきたが、肝心の中韓との間で「国民間和解」を進展させることはできなかった。

なぜであろうか。様々な理由が考えられる。たとえば、日本国内には、戦争や植民地支配の歴史を肯定的に評価する勢力が必ず存在し、政府の「和解政策」の信頼性を損なっていることも理由の一つである。根本的な原因に及べば、戦争と植民地支配に関する国民の間に広く共有された認識の違いが存在する。

たとえば、徴用工や慰安婦の問題の背景には、法的決着を重視する日本と、法的解決を超えて「正義」をもたらすことを是とする韓国との違いが存在する。

政治体制の変動が激しかった韓国では、旧体制における「不正義」を新体制のもとで裁くことが「正義」に適っている。日本統治時代に「反人道的」人権侵害を受けた被害者は、旧体制のもとでは法的に救済されなかったが、民主的政権のもとで救済することで、「正義」が実現されるのである。被害者の救済をめざす挺対協（現在は日本軍性奴隷制度問題解決のための正義記憶連帯、正義連）の言動がその象徴的なものである。

ただ、こうした「正義論」一色に韓国が染まっているわけではない。たとえば一八年の大法院判決は、裁判官中の「多数意見」であり、国際合意である請求権協定を尊重する立場からの「少数意見」や「反対意見」も半数近く提出されている。

竹島を環境協力のシンボルに

竹島の領有に関する日本の主張は、国際法上も国益の観点からも日本周辺の島嶼の利害得失を考慮した首尾一貫したものである。

解決を困難にしているのは、法的問題として処理したい日本に対し、韓国側は日本による植民地化の問題、すなわち「歴史的正義」の回復の問題と絡ませているからである。その隔たりは埋めがたいが、漁業者の利益にも配慮した国際法学者芹田健太郎氏の次のような提案は一考に値する（芹田 二〇一〇）。

日本は竹島における韓国の主権を認め、同時に日韓の漁業資源の保全のため、鬱陵島と壱岐諸島を基点として双方の排他的経済水域の境界画定を行ったうえで、東アジアの環境協力のシンボルとして、韓国は竹島を自然保護区として開放し、両国は東アジアの平和と繁栄を誓う――。

ただ、このような理想的な解決策に至る道のりはかなり遠い。

安倍談話と尹大統領演説――「未来の共有」

二〇一五年八月の安倍談話（戦後七〇年談話）は、村山談話や小泉談話を踏まえつつも、これまでとは異なる歴史認識を示している。

その一つは、満州事変を契機に、日本は第一次世界大戦後の国際秩序への「挑戦者」として振るまってしまったが、第二次大戦後は、「自由、民主主義、人権といった基本的価値」を共有する国々とともに国際秩序の「擁護者」としての立場や役割を強調している点である。

二〇二四年三月、尹大統領は、三・一記念日演説で、韓日両国は「自由・人権・法治の価値を共有し、共同の利益を追求し、世界の平和と繁栄のために協力するパートナー」となったと述べた。安倍談話と基本的に同様の歴史認識である。

さらに、尹大統領は歴史問題について徴用工などに触れず、「交流と協力を通じて信頼を積み重ね、歴史が残した難しい課題を共に解決していければ、より明るい未来が開ける」と述べた。

欧米で盛んな和解論の要諦の一つは、「被害者」と「加害者」とが、ともに共有できる未来を描き、それに向けて双方が努力することにある。それは被害者と加害者という強迫観念から逃れる方法とされる。

こうした観点からすれば、ようやく首脳レベルでは、リベラルな国際秩序を支えるという目標を共有しながら、望ましい未来を探ろうという段階に達したのであろう。
しかし、首脳レベルの「歴史和解」が「国民間和解」をもたらすわけではないことはこれまでの歴史が示している。歴史と領土をめぐる日韓関係は、世論や国内政治に大きく左右され、振り子運動のように前進と後退を繰り返してきた。実際、二〇二四年一二月には、国内政争から尹大統領の弾劾訴追決議案が韓国国内で可決され、大統領は職務停止に追い込まれるという異例の事態となり、今後も予断を許さない。
国際政治のレベルでは、ロシアや中国は、より排他的な「帝国」を目指してリベラリズムや国際協調主義を大きく揺るがしているかに見える。今こそ、日韓は、歴史や領土をめぐる埋め難い溝を乗り越え、両国民が普遍と信ずるリベラルな価値観のもとに結束すべきときであろう。

〈引用文献〉

権聖主（二〇一五）「戦後日本の歴史認識をめぐる政治過程と日韓関係への含意」（東京大学博士論文）
鄭在貞（坂井俊樹監訳）（二〇一五）『日韓〈歴史対立〉と〈歴史対話〉』新泉社
木宮正史（二〇二一）『日韓関係史』岩波書店［岩波新書］
木村幹（二〇一四）『日韓歴史認識問題とは何か』ミネルヴァ書房
芹田健太郎（二〇一〇）『日本の領土』中央公論新社［中公文庫］
谷野作太郎（二〇一五）『外交証言録　アジア外交—回顧と考察』岩波書店
東郷和彦（二〇一五）『危機の外交』ＫＡＤＯＫＡＷＡ／角川書店［角川新書］
東郷和彦・波多野澄雄編（二〇一五）『歴史問題ハンドブック』岩波書店
西野純也（二〇一七）「朴政権三年目の外交」（日本国際問題研究所編刊『朝鮮半島情勢の総合分析と日本の安

全保障』）
波多野澄雄（二〇二二）『日本の歴史問題　改題新版』中央公論新社［中公新書］
服部龍二（二〇一〇）『日中歴史認識』東京大学出版会
服部龍二（二〇一五）『外交ドキュメント　歴史認識』岩波書店［岩波新書］
原貴美恵（二〇〇五）『サンフランシスコ平和条約の盲点』淡水社
宮城大蔵（二〇一六）『現代日本外交史』中央公論新社［中公新書］
若月秀和（二〇一七）『冷戦の終焉と日本外交』千倉書房
和田春樹（二〇一〇）「アジア女性基金の成立と活動」（黒沢文貴編『戦争・平和・人権』原書房）

〈ブックガイド〉
木宮正史（二〇二一）『日韓関係史』岩波書店［岩波新書］
　国力（パワー）の接近や政治体制の変動のなかで、冷戦終焉を境に「非対称関係」から「対称関係」へと日韓関係が変容する過程を描く。
木村幹（二〇一四）『日韓歴史認識問題とは何か』ミネルヴァ書房
　歴史認識問題とは、「過去の事実に対する我々の認識」の問題であるとし、日韓の歴史紛争の発生・発展・終息の条件を探る力作。
芹田健太郎（二〇一〇）『日本の領土』中央公論新社［中公文庫］
　国際法的な立場から日本が直面する領土三問題をバランスよく解説し、解決策にも及ぶ。日韓間の「歴史認識」問題を双方の国内政治や国際関係の変化との関連で説得的に論述。
朴裕河（二〇一一）『帝国の慰安婦――植民地支配と記憶の闘い』朝日新聞出版

慰安婦を「帝国主義というシステムに基づく性の収奪」とみなす立場から問題の本質に迫る論争的著作。

秦郁彦（一九九九）『慰安婦と戦場の性』新潮社［新潮選書］

現地調査や関係者の証言に基づき、慰安婦を基本的に「公娼制度の戦地版」とみなす「公娼派」の代表的著作。

吉見義明（一九九五）『従軍慰安婦』岩波書店

慰安婦を「事実上の性奴隷制」であることを調査に基づき体系的に説いた先駆的研究

【経済と外交】

第5章　経済外交の軌跡
——自由貿易の受益者から担い手へ

高橋和宏

1　「経済大国」日本と自由貿易体制

戦後復興と高度経済成長を経て、世界第二位の経済規模を獲得した戦後日本にとって、「経済大国」という看板は「平和国家」と並ぶナショナル・アイデンティティであった。だが、日本の国内総生産（GDP）は二〇一〇年に中国、二〇二三年にはドイツを下回り、ほどなくインドに抜かれる見込みである。一九九〇年代半ば、日本のGDPは世界の約一八％を占めていたが、現在では四％あまりにすぎない。経済外交においてGDPがすべてではないが、資金力のみを資源とする外交は難しくなるだろう。「経済大国」という意識が薄れていくなか、今後どのような外交を展開していくのか、日本の経済外交は転換点に差しかかっている。

一方、目を世界に転じると、日本の経済大国化の基盤となった自由貿易体制も大きな岐路にある。戦後アメリカが主導して構築したリベラルな国際経済体制は、冷戦期に西側諸国の経済復興と経済成長を支えた。冷戦後には中国が世界貿易機関（WTO）に加盟するなど、自由貿易体制はグローバルに広がった。ところが、近年では経済成長を背景とした中国の強国化への警戒や、国内産業や雇用へのダメージが強調され、アメリカ国内では自由貿易はむしろマイナスのイメージでとらえられるようになっている。中国の経済的威圧に対抗するためにサプライ・チェーンの見直しが進められるなど、近年では経済安全保障を理由にグローバル化を巻き戻すような動きも強まっている。二〇二四年のアメリカ大統領選挙では、自由貿易に背を向け関税引き上げを政策目標として掲げるトランプ前大統領が再選した。

経済力の低下と国際経済体制の揺らぎのなかで、これからの日本はどのような経済外交を展開していくことができるのだろうか。本章は、日本が自由貿易体制にいかに向き合ってきたのかという視点から、ODA政策を含む戦後日本の経済外交の軌跡を振り返るとともに、今後の経済外交の可能性を展望する。

2　経済再建への道（占領期）

敗戦の現実

「此敗戦必らすしも悪からす」

日本がポツダム宣言を受諾し、占領軍による統治が始まろうとしていた一九四五年八月末、戦後外交のかじ取りを担うことになる吉田茂は知人への手紙にこうしたためた。国民が敗戦に打ちひしがれるなか、吉田はなぜ日本の将来を楽観視できたのだろうか。そこには、政治に介入し、日本を戦争へと引き込んだ「癌」である軍部が除去されて、外交を一新できることに加えて、アメリカからの資本を招致することで財界も立ち直るという期待があった。

吉田がこうした見通しを持てたのは、ポツダム宣言のなかに、日本は将来、世界貿易関係への参加を許される、という一節があったことも影響していたであろう。一九四四年に米英を中心とする連合国が戦後国際経済についての会議を開き、国際貿易体制の構築に合意したとの情報は戦時中の日本にももたらされていた。一九三〇年代のブロック経済の反省を踏まえて作り上げられる自由な国際貿易への参画が認められるならば、日本経済の再生が可能であると、吉田は睨んでいたのである。

だが、そうした楽観主義を許さぬほど、敗戦直後の日本経済は深刻な状況にあった。戦争で日本は軍人・民間人を合わせて約三一〇万人の人命と、約四分の一の資産的国富（建築物など）を失った。また、一九四五年のコメ生産は平年の約六〇％にとどまり、国民は飢餓が心配されるほどの食糧不足に苦しんだ。食糧危機はアメリカからの緊急輸入で回避できたが、必要物資の供給不足からインフレが続くなど国民生活は困窮を極めた。

占領初期の日本は他国との貿易が制限され、綿花や鉄鉱石などの工業原料や朝鮮半島や中国からの米・穀物類の調達が困難になった。さらに、日本経済の最低限度を維持するために必要なもの以外は賠償に充てるという占領国軍最高司令官総司令部（ＧＨＱ）の方針により、工作機器などの生産設備が実物賠償として日本の被害を受けたアジアの国々へ引き渡された（中間賠償）。これが敗戦の現実だった。

対日占領政策の転換・朝鮮特需・「寛大な講和」

この状況を一転させたのが米ソ冷戦の勃発である。対ソ封じ込めというグローバルな冷戦戦略のなかでアメリカの対日占領政策も転換し、日本の経済的・社会的安定が重視されるようになった。一九四九年には中間賠償は停止され、経済面での安定を図るためにガリオア基金・エロア基金による対日援助も本格化した。GHQはアメリカからの援助に依存する日本経済の建て直しをはかるために、一九四七年八月には制限付きで民間貿易の再開を認めていたが、一九四八年以降は日本の対外貿易を本格的に後押しするようになり、一九四九年には韓国や中華民国との貿易協定が締結された。GHQの意図は、戦前に東アジア地域に存在した貿易の流れを再構築することで、日本を含む地域経済の自立的な再生を探ろうとした点にあったといえよう。

一九四八年一〇月、アメリカは対日政策の転換を決定し、日本が援助に頼らずに経済復興へと進むよう促すこととした。これを踏まえて、同年一二月に発表されたのが緊縮財政や輸出増進を定めた「経済安定九原則」である。経済安定九原則に基づき、一九四九年にはドッジ・ラインと呼ばれる強力な緊縮政策が実施されるとともに、一ドル＝三六〇円という単一為替レートが設定された。アメリカは日本が自らの努力により輸出を拡大していく環境を整えたのである。

ドッジ・ラインによって日本経済は厳しいデフレに見舞われたが、慈雨となったのが朝鮮戦争の勃発にともなう突発的な需要の急増であった。韓国防衛のためにアメリカが必要とする物資・サービスを供給した日本には、貿易収支の赤字を補塡して余りあるほどの外貨（ドル）収入がもたらされた。外貨準備に余裕ができたことで生産増大に不可欠な原材料輸入が可能となり、また、業績が回復した企業は設備投資を進めた。「朝鮮特需」と呼ばれた予期せぬ巨大な需要拡大は、日本経済が復興へと向かう起爆剤になったのである。朝鮮戦争という隣国の悲惨な戦争が日本経済再建につながったことは、特に韓国の立場からすると複雑な感情を惹起する現実である。他方で、日本の後方支援基地としての機能がアメリカ軍の活動を支えていたこともまた事実であった。

一九五一年九月、サンフランシスコで対日平和条約が調印された。平和条約を起草したアメリカは冷戦戦略の観点から、日本に賠償を求めないなど「寛大な講和」を意図した。だが、この無賠償方針にフィリピンは強く反発し、イギリスも日本に政治的・経済的な制限を課すべきとする「過酷な講和」案を準備していた。アメリカによる各国との交渉を経て確定した平和条約では、日本の経済状況への配慮を示しつつも戦争被害国による賠償請求の道は残された（第一四条）。第一二条は各連合国との安定的・友好的な貿易・海運その他の通商関係を築くための条約・協定の締結交渉について明記していた。

サンフランシスコ平和条約によって、ポツダム宣言が示していた「世界貿易」への参加の道が開かれたのである。

3　高度成長期の経済外交（一九五〇年代〜一九六〇年代）

自由貿易体制への参画

寛大な条件での講和を果たした日本にとって、経済外交上の最初の課題は自由貿易体制（ブレトンウッズ体制）を支える国際機関への参画を実現することだった。輸出を伸ばし、経済成長へとつなげるためには、自由貿易体制の一員として認められ、その果実を享受することが不可欠だったからである。

国際通貨基金（ＩＭＦ）への加盟交渉はスムーズに進み、講和直後の一九五二年に加入が実現した。ＩＭＦは本来、国際収支を理由とする経常取引での為替管理などはしないことになっているが（第八条）、日本は西欧諸国と同様に戦後の過渡期を理由に例外的に為替制限が認められた（「一四条国」）。

一方、「関税および貿易に関する一般協定」（ＧＡＴＴ）への加盟交渉は難航した。戦前の貿易摩擦の記憶が残るイギリスなどが日本との自由な貿易再開に消極的であったためである。西欧諸国に拒絶された日本が中国など共産圏との貿易に引き込まれることを警戒したアメリカは、日本のＧＡＴＴ加盟をサポートし、一九五五年になってようやく加盟は認められたが、多くの国はＧＡＴＴ第三五条の例外規定を援用して、日本に最恵国待遇を与えなかった。この対日通商差別の撤回が次なる経済外交の目的となった。

ＧＡＴＴ第三五条対日援用問題

日本からみると、ＧＡＴＴ第三五条の対日援用は政治的な理由から自国を自由貿易の例外とする不当な措置であり、さながら明治時代の不平等条約のような重みを持った。他方、日本は不安定な国際収支を理由に為替制限や輸入規制を継続しており、自国市場を開放しないまま、他国に対して自由貿易原則を訴えても説得力は弱かった。

だが、「ドル防衛」という政策目的のために西側各国に貿易自由化を求め始めたアメリカからの要求もあり、岸信介政権の後半から、日本は徐々に市場開放に踏み切った。この貿易自由化の流れを本格的に加速したのが続く池田勇人政権である。当時、象徴的な数字として使用された貿易自由化率でみると、一九五九年に四〇％に過ぎなかったのが、池田政権が退陣する一九六四年には九三％にまで上昇している。

輸入数量制限の撤廃を進めた池田政権は当初、関税政策によって輸入の急増を防ごうとした。だが、このころGATTでは関税を一括五〇％引き下げる交渉の準備が進んでいた。GATTケネディ・ラウンドと呼ばれる関税一括引き下げ交渉に対して、日本政府内には当初、国内産業を保護するために慎重な意見も強かった。だが、池田は政府内の会議で、国内産業は自由化と関税引き下げにより競争力を強化する方向に進まなければならないと述べるなど、交渉参加を主導した。池田政権は、対日通商差別国に対する「外への自由化」要求と国内市場開放という「内なる自由化」の促進を通じて経済成長実現を図るという、正攻法の経済外交を展開したのである。

池田政権はこうした市場開放措置と並行して、「国民所得倍増計画」という看板政策を掲げ、拡張的なマクロ経済政策によって高度成長の実現を図っていた。だが、それは輸入急増を招き、「国際収支の天井」と呼ばれた外貨準備の不足が経済成長政策の足かせとなっていた。それだけに池田政権とすれば、輸出市場拡大のためにも、西欧諸国によるGATT第三五条の対日援用を撤回させる必要に迫られていた。

この状況を打開したのは、一九五五年から本格化した高度経済成長によって日本市場の魅力が高まったこと、そして日本に対して制限措置を継続したままでは、開かれつつある日本市場にアクセスできなくなるという事実であった。池田政権は対日通商差別国には日本市場への参入を制限するという「逆差別」と、日本からの輸出急増時の「セーフガード」条項という妥協策を織り交ぜながら交渉を進めた。その結果、一九六二年のイギリスとの交渉妥結を皮切りに、西欧諸国は相次いでGATT第三五条の援用を撤回した。

対日通商差別の撤回は、日本市場の開放、自由貿易原則という規範性、日本を西側陣営につなぎとめるというアメリカの冷戦的思考といった要素が絡み合いながら実現したのである(鈴木 二〇二四)。

一九六四年には先延ばししていたIMF八条国への移行が実現し、日本は他の欧米諸国と同じ立場で国際経済体制に参画することとなった(浅井 二〇一五)。また、「日米欧三本柱」論を訴える池田の意向を受けて、同年には「先進国クラブ」とも呼ばれる経済協力開発機構(OECD)加盟が実現する。池田が参加を決断したGATTケネディ・ラウンド(一九六七年成立)も、日本が重化学工業品の輸出を拡大する契機となり、日本は同ラウンドでもっとも利益を得た国だといわれた。国内では高度経済成長と貿易自由化を両立しつつ、対外的には多角的自由貿易体制の一員としての立場を確立する経済外交を積み重ねた池田政権期を通じて、日本は徐々に「先進国」という外交アイデンティティを確立していったのである。

アジアとのつながりの再構築

高度経済成長期には、自由貿易体制への参画というグローバルな経済外交が重視されていたが、欧州経済共同体(EEC)の発展を受けて、東南アジア地域とのリージョナルなつながりを求める外交への期待も強かった。一九五〇年代には、西欧諸国の経済復興の基盤となったマーシャル・プランをモデルとして、アメリカが東南アジアに巨額の経済援助を投下し、日本が技術を提供して東南アジアの資源を開発するという「東南アジア開発構想」が繰り返し浮上した。一九五七年には岸信介が訪米してこの構想を披露したものの、アメリカが受け入れることはなかった。

一九六〇年代になると、日本にはアジア諸国への援助供与国としての期待が寄せられるようになった。

その背後にあったのが、国際的な南北問題の高まりである。一九六四年に開催された第一回国連貿易開発会議（UNCTAD）において、最後発の先進国という位置づけだった日本は、途上国が優遇されると不利益を受けるのは自国であると認識し、途上国からの要求にも消極的な対応に終始した。アジアを含む「南」の国々からの厳しい批判に直面した日本は、国際的な南北の対立構図に日本とアジア諸国との関係性が取り込まれ、「アジアの一員」という立場が失われることを危惧し、地域的なアプローチで東南アジア諸国との関係修復を試みていくことになる。

その一つの成果が、一九六六年に開催された東南アジア開発閣僚会議である。日本が戦後初めて主催したこの国際会議において、佐藤栄作内閣はビルマ（現在のミャンマー）以東の東南アジアに対して、日本が援助国としての役割を果たしていくことを明確にした。また、同じ一九六六年には日本がアメリカと並ぶ最大の出資国となってアジア開発銀行が設立された。一九六〇年代後半に日本がアメリカとも意見調整を重ねながら、東南アジア諸国との間で地域機構の創設を主導したことは、「経済大国」として地域的役割を果たしていくという意思のあらわれだったといえよう。なお、東南アジア開発閣僚会議はベトナム戦争を終結させた一九七五年のサイゴン陥落を受けて会議開催が中止され、事実上の終焉を迎えた。

4　国際経済秩序の共同管理者へ（一九七〇年代）

ニクソン・ショック

一九七〇年代前半、日本の経済成長の前提であり、経済外交の基盤となっていた自由貿易体制は大きく動揺する。一九七一年八月、アメリカのリチャード・ニクソン大統領はインフレの抑制や国際収支改善を図るために「新経済政策」を発表した。「ニクソン・ショック（ドル・ショック）」である。金とドルの兌換を停止したニクソン・ショックにより、高度経済成長を支えてきた一ドル＝三六〇円という日本の輸出に有利な為替レートは見直しを余儀なくされた。

もっとも、アメリカの国際収支赤字の拡大にともなうドルの信認の低下や金投機の増大は一九六〇年代後半から顕著となっており、西ドイツは一九六九年には自国通貨マルクを切り上げ、一九七一年五月からは変動相場制へと移行していた。輸出拡大により外貨準備が急増していた日本の通貨切り上げも予測され、大蔵省や日銀内部でも密かにその可能性や影響が検討されていた。だが、結局、日本は円平価の維持を最優先し、円切り上げ回避のその場しのぎに終始した。ショック到来後、西欧諸国は一斉に為替市場を閉じたのに対し、日本は市場を開放したまま大規模なドル買いを続けて為替レートの維持を図るなど、対応は混迷を続けた（伊藤 二〇〇九）。

ニクソン政権による「新経済政策」には、輸入課徴金の賦課も掲げられていた。これはアメリカの輸入総額の約五〇％に当たる品目を対象として一〇％の課徴金を輸出国に課するものであり、GATTケネディ・ラウンドの関税引き下げの成果を失わせるものと理解されていた。ニクソン政権は一九七三年には国内穀物価格の高騰を抑制するために突然、大豆の対日輸出を禁止するなど、自由貿易原則を歪めてでも自国経済を優先する保護貿易主義への傾斜がみられ、日本はそのたびに翻弄された。なお、輸入課徴金は後述するスミソニアン合意に合わせて撤廃された。

石油危機

一九七三年には「石油ショック」が日本を襲った。同年一〇月の第四次中東戦争の勃発をきっかけとして、アラブ産油国は非友好国への石油の供給停止や価格の引き上げという石油戦略を発動した。量と価格という両面で石油入手に不安を覚えた田中角栄内閣は、それまでの中東政策をアラブ寄りに中立化し、中東諸国に三木武夫副総理を特使として派遣して経済協力を約束するなどの対応に追われた。その様子は「アブラ乞い外交」と揶揄された。

皮肉なことに、田中内閣はエネルギー資源の中東への過度の依存を問題視し、田中が訪問先のソ連でチュメニ油田の共同開発を提案するなど資源外交に乗り出していた。その矢先に石油危機が発生したのである。国際的なインフレや田中が掲げた「日本列島改造計画」に基づく拡張的なマクロ政策によって、日本経済にはすでに物価高騰の兆しがみられたが、石油危機によって原油価格が四倍に跳ね上がったことが決定打となり、日本の高度経済成長は終焉を迎えた。「狂乱物価」に翻弄され、国民がトイレットペーパーを買いあさる混乱のなかで高度成長の時代は幕を閉じたのである。

戦後日本があたりまえに享受してきたリベラルな国際経済秩序が、貿易・通貨・資源という多領域にわたって一斉に変容し始めたことは、日本外交にとってまさに「ショック」であった。そのため、日本は初期対応に苦労したが、状況が落ち着いていくなかで、徐々に「経済大国」としての自らの責任と役割を認識していった。

貿易・通貨面では、日本は一ドル＝三六〇円という平価調整を多国間ではなく、アメリカとの直接交渉で決めたいと考えたが、結局はG10によるスミソニアン合意（一九七一年一二月）で複数通貨の多角的な再調整が行われた。これにより、日本は一ドル＝三〇八円（一六・八八％の切り上げ）という新たな固定為替レートを受け入れるなど、主要国の一つとして国際通貨体制の安定化に努めた。一九七三年には各国と歩調を合わせて変動為替相場制へと移行していくこととなるが、この一連の通貨外交のなかで、日本はアメリカ、イギリス、フランス、西ドイツとともにG５（先進五カ国蔵相・中央銀行総裁会議）の一員としての立場を固めていった（田所 二〇〇一）。

また、第一次石油危機後、日本は産油国との対話を掲げて、エネルギー・ワシントン会議に積極的に関与し、国連資源問題特別総会では消費国間協調を推進した。そうしたエネルギー資源外交は国際エネルギー機関（ＩＥＡ）設立の一助となった（白鳥 二〇一五）。

サミット外交

経済大国としての自己認識を高めるもっとも大きな機会となったのが、一九七五年にスタートした先進国首脳会議（サミット）であろう。

フランス・ランブイエで開催された第一回会議では、議論を仕切る欧米首脳に対して三木武夫首相の存在感は薄く、首脳会談で南北問題の重要性を取り上げたものの注目を集めることはなかった。だが、一九七八年のボン・サミットでは、アメリカ経済がスタグフレーション（インフレ下の景気低迷）に苦しむなか、貿易黒字国である日本と西ドイツが積極的なマクロ経済政策で世界経済を牽引すべきという「機関車論」が取り上げられた。ボン・サミットに参加した福田赳夫首相は、一九三〇年代に自身がロンドンで世界恐慌を目の当たりにした経験を各国首脳に語って国際協調の重要性を訴えるとともに、日本は七％の経済成長率を実現すると約束した。緊縮財政を重視し、かつては池田勇人や田中角栄の経済成長政策を批判する急先鋒であった福田が、経済大国の責務として、あえて拡張的な政策を国際的に明言したのである（武田 二〇一五）。

翌一九七九年、初めて日本が議長国となって、東京でサミットが開かれた。この東京サミットでは直前に発生した第二次石油危機への対応をめぐって、石油消費量を抑制するために各国の中期的な石油輸入量を数値目標として首脳宣言に明記できるかが争点となった。大平正芳首相は、議長国として各国の意見を集約するという国際的な責任と、経済成長を抑制しかねない数値目標は受け入れるべきでないとする国内事情の狭間で苦慮したが、最終的に数値目標に言及した首脳宣言をまとめ上げた（白鳥 二〇二四）。

こうして、初期サミットにおける経験は、日本が「経済大国」としての責任と負担を引き受け、国際経済体制を支えていくという自覚を深めることになったのである。

外交資源としての経済力

一方、ボン・サミットでの「機関車論」にみられるように、一九七〇年代後半になると貿易黒字により積みあがる外貨準備をどのように外交に転嫁していくかという課題が浮上した。その答えの一つがＯＤＡ政策であった。一九七〇年代後半以降、欧米諸国との経済摩擦への対応とアジアへの貢献という重なり合う二つの問題意識を背景として、日本はＯＤＡ政策を本格化させたのである。福田内閣はボン・サミットにおいてＯＤＡ倍増の意向を表明し、一九七八年には一九八〇年までにこれを実現するという数値目標を明確化した「ＯＤＡ第一次中期目標」を策定した。

一九七九年には、鄧小平による改革開放路線を側面支援するため、大平内閣が中国へのODA供与を決定した。その時に大平が公表したのが「対中経済協力三原則」である。その内容は、①軍事面での協力を行わない、②他のアジア諸国（特にASEAN諸国）との関係を犠牲にしない、③先進工業諸国と協調し、日中関係を排他的なものとしない、とするものだった。日本の対中ODA開始に対して、東南アジア諸国は日本からの援助が減少するのではないかと懸念し、欧米諸国は日本がODAを契機として中国市場を独占してしまうのではないかと危惧したのである。大平内閣期には、米ソ新冷戦を背景として、タイやパキスタン、エジプトといった紛争周辺国や戦略的に重要な地域を対象とする「戦略援助」も実施されるようになった。

5　冷戦末期の経済外交（一九八〇年代）

レーガノミクスと貿易不均衡の拡大

一九八〇年代の日米外交は、一九八二年に総理の座を得た中曽根康弘と、その前年に大統領に就任したロナルド・レーガンの二人のリーダーシップの下に展開する。お互いにファースト・ネームで呼び合う日米首脳の信頼関係（「ロン・ヤス関係」と呼ばれた）は、安全保障面での日米関係を「同盟」と評しうる水準まで高めた。

だが、安全保障面での協力進展とは裏腹に、レーガン政権との経済外交は難航を極めた。レーガン政権は一九七〇年代から続く悪性インフレを食い止めるための高金利政策、ソ連に対抗するのに必要となる国防予算増大、新自由主義政策を背景とした減税・規制緩和という政策を同時に追求した。「レーガノミクス」と呼ばれたこの経済政策を通じて、レーガンは軍事的にも経済的にも、「強いアメリカ」の復活を目論んだのである。

しかしながら、予算規模の増大と減税により財政赤字が拡大し、高金利政策はドル高を招いて輸入急増と輸出停滞を引き起こした。こうしてレーガン政権は財政赤字と貿易赤字という「双子の赤字」を抱えることになった。レーガン政権が発足した一九八一年に約二八〇億ドルだった貿易赤字は、一九八五年には約一二二〇億ドルを突破し、その後も高止まりする。この間、対日貿易赤字も一九八五年には約四三五億ドルに膨れ上がった。アメリカの貿易赤字の約四割前後が日本との貿易から生じていたという事実は、否応なく日米貿易不均衡問題をクローズアップさせた。

加熱する日米貿易摩擦

日米間では特定製品の日本からの輸入拡大に対してアメリカが是正措置を求めるという構図が、一九八〇年代の自動車や鉄鋼に至るまで何度も繰り返されてきた。そのたびに用いられた対応策が日本側の輸出自主規制である。日本の輸出自主規制による貿易量の調整は、自由貿易原則を歪めることなく日米経済関係を管理する方法として有効だった。だが、一九八五年になると自由貿易を信奉してきたレーガン政権でも制御できないほど、対日貿易赤字に対するアメリカ議会内に不満が高まり、保護主義的な貿易措置を求める声が強くなった。その様子を中曽根は日記に「日米経済摩擦、アメリカ側より日米危機説しきりに来る。……日本今日優位にあり、戒心すべきこと。大巾に譲っても不合理でない」と記している。また、中曽根が私的諮問機関として設置した「国際協調のための経済構造調整研究会」の席上では、自由貿易体制を維持していくためには、国民経済に痛みをともなっても、日本経済を国際経済に調和させていくべきとも発言している。中曽根は日米貿易不均衡問題がGATT新ラウンドの難航や欧州の不況問題などと連動して、自由貿易体制を揺るがしているとの認識を深めていた。だからこそ、西側陣営の結束維持のためには、日本が譲歩してでも日米経済摩擦に対処しなければならないと考えていたのである。

こうして一九八五年以降、日米間では自由貿易体制を守るために、アメリカが要求する管理貿易的なアプローチも含めた対応を重ねる、という錯綜した交渉が続けられた。その内容は次の三点に大別できる。

第一に、アメリカが関心を持つ四分野の市場志向型分野別（MOSS）協議が行われるなど、日本市場の開放要求に対応した。半導体協議では、日本市場における外国系半導体の市場シェアの数値目標を求めるアメリカ側に対して、それを認めたとも読める非公表の「サイドレター」が作成された。一九八九年には日米構造協議（SII）がスタートした。同協議は日米双方の「Structural Impediments（構造的な障害）」を議題として取り上げ、日本側では大店法改正などの流通、排他的取引慣行、系列関係などで対応策を講じることとなった。日本国内に抵抗が強かった牛肉とオレンジの輸入自由化をめぐっては、アメリカが日本をGATTに提訴するなどの難しい局面を経て、一九八八年に輸入割当が撤廃された。

第二に為替政策である。一九八五年九月にはそれまで水面下で進められてきたG5がニューヨークで公に会合を開き、ドル高を是正するための国際通貨協力策、いわゆる「プラザ合意」を発表した。これにより、合意発表前には一ドル＝約二五〇円だった円相場は、一九八五年末には約二〇〇円、一九八六年末には約一五八円となり、その後も円の上昇が続いた。一九八七年にはG5にイタリアとカナダを加えたG7

によるルーブル合意によって行き過ぎたドル安の是正が図られた。

第三に欧州を含めた先進諸国間のマクロ政策協調である。レーガン政権から景気刺激策として内需拡大を求められた中曽根内閣は、円高による輸出不振が景気を減速させる懸念もあり、大規模な補正予算や公定歩合の引き下げを続けた。歴史を振り返ると、実際には円高不況からの脱出は早く、一九八六年秋には底入れから景気回復へと向かっていた。そうしたなかで拡張的な財政・金融政策を継続したことが、その後のバブル経済を生む引き金となった。

中曽根は経済摩擦問題を日米二国間の懸案であると同時に、アメリカの冷戦戦略を経済面から支え、自由主義陣営の結束を維持するという冷戦的な観点でとらえていた。それゆえに、アメリカからの厳しい貿易不均衡是正要求に積極的に応じるとともに、西側諸国との連帯の基盤を確たるものとするために自由貿易体制の更新を外交課題とした。近年の冷戦史研究では、冷戦が決定的な岐路にさしかかった時期に日本は軍備増強を進めるアメリカを経済面から支える重要な役割を果たしたとも評価される。だが、そのことが、経済合理性を越えた政治的配慮に基づいて、バブル経済につながる内需拡大策を許容していく一因となったことは否めない。

ODAの拡充

アメリカとの経済摩擦の原因となった日本の貿易黒字は、豊饒な外貨準備として外交に活用されていった。一九八八年には竹下登内閣が「国際協力構想」を発表し、その柱の一つとしてODAの拡充強化をうたった。この方針に基づき策定された第四次ODA中期目標は、先進国のODA総額に占める日本の分担割合を経済規模に見合った水準まで引き上げるとして、一九八八〜一九九二年のODA総額を五〇〇億ドル以上とすることを決定した。また、日本のODAは物資やサービスの調達先を自国に限定するタイド援助（いわゆる「ひも付き援助」）であると批判されてきたが、援助の「質」改善を求める国際的な要請も踏まえて、一九八〇年代後半にはタイド援助は減っていった。

改革開放路線を進める中国に対しては、一九八四年に第二次円借款（対象期間：一九八四〜一九八九年度）として総額四七〇〇億円、一九八八年には第三次円借款（対象期間：一九九〇〜一九九五年度）で総額八一〇〇億円の供与が決まった。一九八九年に中国で天安門事件が発生した際、対中制裁に前のめりな西欧各国に対して、日本は中国を孤立化させるべきでないとの立場から制裁実施に消極的であった。最終的に他のG7諸国に遅れて対中ODAを一時的に凍結したものの、一九九〇年には早くも制裁を正式に解除した。中国が大国化した現在からみるとその判断の是非に意見は分かれるが、当時の日本は中国を国際社会につなぎ留めておくという関与政策のツールとしてODAを活用していたのである。

6　世界経済のグローバル化と日本（一九九〇年代〜二〇〇〇年代前半）

日米経済摩擦の幕切れ

一九九二年のアメリカ大統領選挙では、経済問題の重視を訴えた民主党のビル・クリントンが現職のジョージ・H・W・ブッシュ大統領を破った。宮澤喜一政権と信頼関係を築き、厳しいながらも丁寧なコミュニケーションを通じて貿易摩擦問題に対処してきたブッシュ政権に対して、クリントン政権はいっそう強硬に貿易収支の不均衡是正を要求した。一九九三年に始まった日米包括経済協議において、アメリカは電気通信や自動車分野で「数値目標」に同意するよう要求した。一九九四年の日米首脳会談で交渉が事実上決裂した際、細川護熙首相が「成熟した大人の日米関係」と表現したことに象徴されるように、冷戦というしばりがなくなった日米両国は、経済摩擦への対応をめぐって、互いの関係性を再定義しかねていた。

一九九五年に玉虫色の合意を得た自動車・自動車部品交渉をもって、日米貿易摩擦は「幕切れ」となる。その理由として、日本が欧州諸国を巻き込みながら自由貿易原則に基づいてアメリカの管理貿易的な要求を牽制したことや、アメリカの貿易赤字に占める日本の割合が低下していたことを挙げることができる。だが、それ以上に冷戦終結後のアメリカ経済が力強く復活したことで、日本の経済力に対する警戒心が薄れたという要因が決定的だった。一九九〇年代後半には、強すぎる日本経済ではなく、バブル崩壊後の景気回復に呻吟する弱い日本経済が問題化していった。

グローバル化とアジア通貨危機

一九九〇年代のアメリカ経済の復活を支えたのは情報通信技術である。アメリカ発の新興ＩＴ企業が生み出す新たな情報技術は、ＧＡＴＴを発展改組して一九九五年に発足したＷＴＯの下での国際的な貿易自由化の趨勢と相まって、経済のグローバル化を加速させた。また、プラザ合意後の円高と国際的な投資の自由化を背景として、日本から欧米やアジアへの対外直接投資が急増した。アジア地域に対する日本の直接投資は東南アジアの製造業の成長を促し、「東アジアの奇跡」へとつながっていく。

だが、アジア諸国の金融システムは、急増する短期的な国際資金の移動に対応できないという弱点を抱えていた。一九九七年にタイの通貨バーツがヘッジファンドの攻撃を受けて暴落したことをきっかけに、アジア通貨危機が発生した。その原因がアジア経済の構造的脆弱性にあると判断したIMFは、緊縮財政や高金利政策、税制改革、国営企業の民営化、規制緩和といった新自由主義的な支援パッケージ（「ワシントン・コンセンサス」と呼ばれた）の受け入れを各国に強要した。これに対して日本は、資本市場制度が不完全なままアジア諸国が過度の自由化を進めたために、短期資本の流入と流出に直面した際のセーフティネットが不在だったことに通貨危機の原因があるとみていた（高木・伊藤 二〇二四）。

そこで日本は、大蔵省が中心となって「アジア通貨基金（AMF）」構想を主導し、アジア地域金融協力の制度化を図った。アジアで発生する危機に域内協力で対処しようするAMF構想にASEAN諸国や韓国は前向きだったが、アメリカは緩すぎる融資基準がモラルハザードを生むことへの懸念に加えて、日本が主導してアジアに独自の地域機構を設立するという構想自体に猛反発した。アメリカから根回しを受けた中国も、米中関係を優先する立場から賛成に回らず、結局、AMF構想は頓挫した（吉岡 二〇一七）。

AMF構想は実現しなかったものの、翌一九九八年に日本は国際金融市場の安定とアジア各国の経済回復を促すために三〇〇億ドルの独自支援策を発表した。これは、当時の大蔵大臣である宮澤喜一の名前を冠して、「新宮澤構想」と呼ばれている。さらに二〇〇〇年には日中韓とASEAN諸国による二国間の通貨交換協定を組み重ねた金融支援体制として、チェンマイ・イニシアティブ（CMI）が成立した。CMIは世界金融危機後の二〇一〇年には「マルチ化」し（CMIM）、多国間での迅速・円滑な通貨協力が定められた。

ODA理念の模索

一九八九年、日本は先述した第四次中期目標の下、世界第一位のODA拠出国となった。一九九〇年は支出総額ベースでアメリカにその座を譲ったものの、翌一九九一年から二〇〇〇年までの一〇年間、トップ・ドナー国であり続けた。「経済大国」としての責任を果たす姿勢を示す、もっともわかりやすい外交がODA政策だったのである。

だが、日本のODA政策には依然として商業主義といった批判が付きまとっていた。日本のODA政策には、被援助国からの要請に基づくオーナーシップ（自助努力）の重視や、新冷戦下の戦略援助、関与政策のツールとしての対中ODAといった多様な政策意図が織り込まれていたのであるが、そこに一貫した理念がみえないことも事実であった。また、フィリピンでODAに関わる汚職が浮上するなど、ODAの透明性確保も課題となっていた。

そうした問題意識から一九九二年に閣議決定されたのが、「政府開発援助大綱（ODA大綱）」である。同大綱は、世界平和の維持や国際社会の繁栄確保のために、日本が平和国家として国力にふさわしい役割を果たすという方針を掲げるとともに、途上国の自助努力を支援することがODA政策の基本であることを明確にしている。一九九二年大綱は従来からのODAの実施方針を再確認するとともに、日本のODAは途上国の安定と発展に資するものという利他的性格、国際公益重視の姿勢が打ち出されている。

その後、バブル崩壊後の景気低迷が続くなか、ODAに対する世論の風当たりが強まり、当初予算ベース（円ベース）でのODA支出額は一九九七年をピークに減少を続けた。二〇〇三年に改定された大綱の策定過程では、国民の税を原資とするODAは直接的に国益に資するべきとする意見と、国際公益を重視

図　日本のODA実績（支出総額）

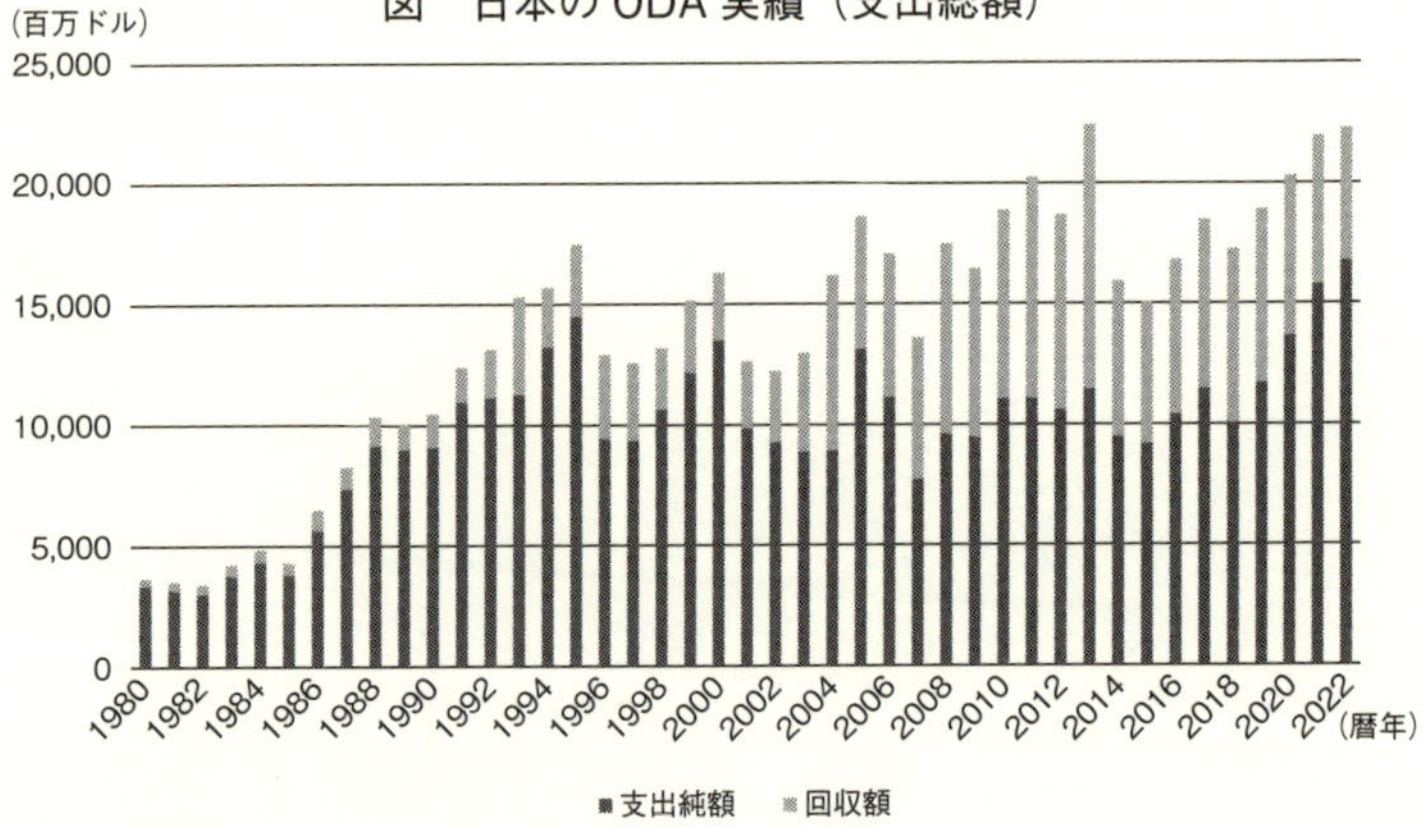

出典：OECD Data Explorer より作成

する立場とが対立した。これ以降、政府関係者の間では、ODAは直接国家・国民に資するべきとする「狭い国益」が主流化していった（下村 二〇二二）。

なお、日本は満期となった円借款の回収分をODAに繰り入れており、二〇〇〇年代以降は支出総額に占める回収分の割合が高まっている（図）。

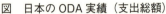

7 「経済大国」の揺らぎ（二〇〇〇年代後半～現在）

リーマン・ショック後の転機

二〇〇八年に大手投資銀行リーマン・ブラザーズが経営破綻すると、瞬く間に世界中に金融危機が広がった。グローバル金融危機の震源地となったアメリカに対して、大規模な景気刺激対策によって世界経済の回復を主導したのが中国だった。二〇一〇年に世界第二位の経済大国となった中国は、二〇一三年に国家主席に就任した習近平が「一帯一路」構想を打ち出すなど、経済力を原資に積極的な外交を展開し始めた。米中両国の安定的な関係を基盤としてグローバル化が進んできた時代は終焉に向かい、現在では米中対立が国際関係を規定している。

バラク・オバマ政権は中国がアジア太平洋地域の貿易ルールを主導することを懸念し、対中牽制のために環太平洋パートナーシップ協定（ＴＰＰ）を重視した。二〇一六年の大統領選挙で勝利したドナルド・トランプ大統領は、アメリカの労働者を守るとしてＴＰＰ離脱を表明する一方、中国との貿易不均衡を問題視し、中国からの輸入に高関税を課した。これに中国が対抗措置を講じたことで「米中経済戦争」と呼ばれる経済対立が深まった。ジョー・バイデン政権は経済安全保障の観点から、先端半導体やレアアースのような戦略物資を中国に依存しないサプライ・チェーンの構築を目指してきたが、その背後には国内産業の保護・育成という思惑もあった。二〇二五年に大統領に返り咲いたトランプは関税引き上げを外交交渉のカードとして積極活用する姿勢を示している。このように、現在のアメリカでは、中国への警戒と自由貿易への不信が党派を超えて共有されている。

国家安全保障戦略と経済外交

こうした国際政治経済関係の転換を前に、日本の経済外交は三つの大きな動きをみせている。

第一に、経済外交を国家戦略のなかに体系づけたことである。二〇一二年に発足した第二次安倍晋三政権は、国家安全保障戦略を制定し、日本の「国益」が何なのかを戦後初めて明示した。その一つとして、経済発展を通じて国と国民のさらなる繁栄を実現し、日本の平和と安全をより強固なものとすることが打ち出され、そのためには自由貿易体制の強化などが不可欠との条件が示されている。この国家安全保障戦略を受けて、従来のＯＤＡ大綱を改めた「開発協力大綱」が二〇一五年に閣議決定された。同大綱では、国家安全保障戦略が掲げる国際協調主義に基づく積極的平和主義により、国際社会の平和と安定および繁栄の確保に貢献すること、そうした取り組みを通じて日本の国益を確保することを基本方針としている。「国益」という言葉の使用を回避した二〇〇三年大綱に対して、二〇一五年の開発協力大綱では体系の上位にある国家安全保障戦略との連接から、随所に「国益」という言葉が用いられている。

二〇一六年、安倍はケニアで開かれた第六回アフリカ開発会議（TICADⅥ）の基調講演で、日本が太平洋とインド洋、アジアとアフリカの交わりについて、力や威圧とは無縁で、自由と法の支配、市場経済を重んじる場とする責任を担うと述べた。このスピーチを起点として、安倍政権は「自由で開かれたインド太平洋（FOIP）」構想を打ち出していく。自由貿易の普及・定着や経済的繁栄の追求は、この構想の柱の一つに位置づけられた。

二〇二二年に岸田文雄政権が改定した国家安全保障戦略では、インド太平洋地域の自由で開かれた国際秩序の維持・発展を掲げる一方、経済面での国益に関しては、自由貿易体制という言葉に代えて、「開かれ安定した国際経済秩序を維持・強化する」との文言が置かれた。新しい国家安全保障戦略に呼応して、開発協力大綱も二〇二三年に改定された。また、ODAとは別に、政府安全保障能力強化支援（OSA）が新設され、同志国の安全保障上の能力・抑止力向上を無償で資金協力することが可能となった。

WTO重視外交からFTA／EPA外交へ

二〇〇〇年代後半以降の経済外交の第二の特徴として、二国間・多国間の自由貿易協定（FTA）や経済連携協定（EPA）をつなぎ重ねることで自由貿易体制の拡充を図っていることがある。なお、FTA

は物品関税の引き下げ・撤廃とサービス貿易の自由化を目指すものであるのに対して、ＥＰＡは貿易・サービス貿易に加えて知的財産保護や投資規制の撤廃、人の移動などの分野を含む包括的な協定を指す。

一九九〇年代には北米自由貿易協定（ＮＡＦＴＡ）が発足するなど、地域的なＦＴＡが次々と結ばれていった。他方、ＷＴＯが発足して最初の多角的貿易交渉となったドーハ・ラウンドは増加した加盟国間の複雑な利害調整で行き詰まり、現在に至るまで妥結の目途は立っていない。各国は早々にＷＴＯに見切りをつけ、二国間・地域間のＦＴＡの締結を始めた。多角的な自由貿易体制を対外経済政策の礎としてＧＡＴＴ・ＷＴＯを一貫して重視してきた日本は、当初はＦＴＡには消極的だったが、二〇〇〇年前後に経済外交方針を転換し、ＦＴＡ・ＥＰＡ重視に舵を切った。二〇〇二年にシンガポールとの間で結ばれたＥＰＡを皮切りに、これまでに発効・調印した協定は二一を数える。近年では、日ＥＵ・ＥＰＡ（二〇一九年）や東アジア太平洋諸国を幅広く含む東アジア地域包括的経済連携協定（ＲＣＥＰ）（二〇二二年）といった「メガＦＴＡ（メガＥＰＡ）」とも呼ばれる主要国との経済連携協定を次々と締結している。

ＣＰＴＰＰでの主導的役割

そのなかでも重要な意味を持つのが「環太平洋パートナーシップに関する包括的及び先進的な協定」（ＣＰＴＰＰ）である。

先述のようにオバマ政権は対中牽制の思惑からＴＰＰを重視していた。日本は交渉参加に関心を持っていたが、ＴＰＰ参加が農畜産業に及ぼす悪影響や規制撤廃によって食品・医療分野の安全・安心が脅かされるとの不安から、国内には否定的な声も強かった。だが、二〇一二年に安倍政権は、安倍がオバマに直談判して言質を取りつけたうえで、コメ、麦、牛・豚肉、乳製品、砂糖の農畜産品五品目を「聖域」としたまま、「国家百年の計」としてTPP交渉参加を正式に表明した。

TPP協定は二〇一五年に大筋合意し、二〇一六年二月に日米を含む一二カ国が署名した。TPPの特徴は関税の原則撤廃を掲げるなど、高い水準での貿易自由化と投資や電子商取引などのルールを設定している点にある。署名に至るまで、日本がアメリカと他国との意見対立を調整する場面も多かったといわれる。二〇一七年、アメリカ第一主義を掲げるトランプ大統領は就任当日にTPP離脱を表明した。TPPはアメリカの参加が事実上の発効条件となっていたこともあり、協定は漂流しかけたが、日本が主導して各国と再交渉し、一部の協定内容を凍結してCPTPP協定が二〇一八年に調印された。国内の反対意見を管理しながら、高い水準の多角的貿易交渉を主導してまとめあげたことは、日本の経済外交にとって画期的なことであった。二〇二四年にはイギリスのCPTPP加盟が決まり、中国や台湾も加盟を申請中である。

なお、TPPを離脱したアメリカはCPTPP発効により豪州などとの競争条件が不利になったことから、日本に二国間の貿易協定の締結を求め、二〇二〇年に日米貿易協定・日米デジタル貿易協定が締結された。

米中の狭間での経済外交

第三の特徴は、日本が米中対立の間にありながら、経済的利益と安全保障上の配慮を勘案した経済外交を展開していることである。

安倍内閣は一方で自由で開かれたインド太平洋構想やCPTPPによって、中国の影響力拡大を牽制していた。二〇一六年に開催された伊勢・志摩サミットでも、安倍は中国との経済交流拡大に前のめりの欧米首脳に対して、中国が南シナ海で一方的な現状変更を進める安全保障状況を説明し、知的財産侵害などの問題を訴えるなど、G7各国の結束を強調していた。

このように中国牽制を打ち出す反面で、安倍政権は中国経済との提携も模索している。二〇一七年に安倍は「一帯一路」を評価する内容の習近平宛ての親書を自民党幹事長の二階俊博に託し、中国との協力姿勢を内々に伝えた。これは事前に外務省や国家安全保障会議の四大臣会合で合意された内容とは全く異なるものだったという（『朝日新聞デジタル』二〇二一年五月一八日）。これを受けて、二〇一八年に北京で開催された日中首脳会談では、両国が国際スタンダードに合致し、第三国の利益となる企業間協力を推進することで合意した。日中の民間企業が第三国市場でインフラ整備に協力するという方針は、事実上日本が一帯一路構想に賛同することを意味していた。これについて、安倍は「開放性や透明性の確保、債務の健全性など、こちらの原則を出して、その基準を守るならば、日本も中国に協力しようと転換したのです。外交の基本はリアリズムです」と回顧している（安倍　二〇二三）。

その後、岸田政権は中国を念頭に組織面・法制度面で経済安全保障の整備を進めた。二〇二二年の国家安全保障戦略にも経済安全保障政策の推進が明記されている。このなかではサプライ・チェーンに関して、特定国への過度な依存を低下させ、次世代半導体の開発・製造拠点整備、レアアースなどの重要な物資の安定的な供給の確保を進めることなどが謳われている。さらに、二〇二三年のG7広島サミットでは、「経済的強靭性及び経済安全保障に関するG7首脳声明」をまとめあげ、中国を念頭に、経済安全保障のための国際協力を訴えた。

中国との交易による経済的利益の確保と、中国を切り離すことで得られる経済安全保障とは、原理的には相いれない関係にある。本来であれば、安全保障につながる物資や製品、技術を精緻に見極め、それらだけを制限の対象として、それ以外については貿易や投資を推進することが合理的である。だが、現代の先端技術は軍民両用（デュアルユース）のものが多く、切り分けが難しい。自由貿易と経済安全保障との相克と調整が今後の経済外交の大きな課題となるだろう。

8　国際経済秩序のゆくえ

本章では占領期から現代までの日本の経済外交の軌跡をたどってきた。約八〇年の歴史が示すのは、日本が自由貿易体制・自由貿易原則から大きな恩恵を受けてきたこと、そして、成否は別として、自由貿易体制の維持・強化に努めてきたということである。

アメリカ第一主義を掲げるトランプ政権は発足直後から、競争相手とみなす中国のみならず主要な貿易相手国に対しても関税引き上げを振りかざし、世界経済に大きな波紋を広げている。仮にトランプが大統領選挙で掲げた関税政策がすべて実行された場合、アメリカの平均関税率は一九三〇年代の世界恐慌時の水準にまで急上昇するとの試算もある。戦後国際経済を主導してきたアメリカの政策転換は、アメリカとの二国間貿易という直接的な影響はいうに及ばず、経済合理性に基づいてグローバルに構築されてきたサプライ・チェーンの見直しなど、国際経済体制を構造レベルで不安定化させている。

今後の日本外交にとって、まずはトランプ政権との経済交渉が喫緊の課題となる。だが、それとともに、国際経済の流れを下支えするための中長期的な視野に立った外交が必要になろう。国際経済秩序のゆくえに不透明性が深まるなか、自由貿易体制に関与し続けてきた日本の果たしうる役割は小さくないはずである。

多角的貿易体制の基軸組織であるＷＴＯは機能不全が指摘されて久しい。アメリカのＷＴＯに対する姿勢が前向きになることは当面望めず、ＷＴＯの紛争処理機能も簡単には回復しないであろう。ドーハ・ラウンド全体の合意進展も見通しは暗い。だが、たとえば有志国と協働して紛争処理の代替措置を講じたり、あまり利害関係が対立しない分野で実務的な協定を定めていくなど、個別ケースへの対応を積み上げていくことでＷＴＯの機能を高めることは可能であろう。そうした取り組みを通じてＷＴＯを支えていくことは、長く自由貿易を重視してきた日本にとって、地道ながらも重要な外交課題である。

また、ＣＰＴＰＰを母体として、参加国拡大やＥＵなど域外組織との連携強化によって高い水準の自由化を地域横断的に広げたり、デジタル分野など新しい内容を加えてアップデートしていくことも今後の経済外交の課題となりうる。経済安全保障上の配慮を慎重に加えながら、日中韓ＦＴＡ交渉を推進することも大きな外交案件である。そうした部分的な貿易協定を積み重ね、つなぎ合わせていくことで、自由貿易体制の拡充と深化を進めることができよう。

ＧＤＰという数字の上では、世界経済に占める日本のプレゼンスが今後長期的に下降していくことは残念ながら確実である。であるからこそ、今後の経済外交には構想力と説得力が重要になろう。世界経済の課題を正しくとらえて国際経済体制のあるべき姿を提起し、各国からの共感と賛同を得ながら解決を目指すという「外交の力」を通じて、国際公益と国益とを重層的に最大化する経済外交がこれからの日本には求められる。

〈引用文献〉

浅井良夫（二〇一五）『IMF8条国移行　貿易・為替自由化の政治経済史』日本経済評論社

安倍晋三（二〇二三）『安倍晋三回顧録』中央公論新社

伊藤正直（二〇〇九）『戦後日本の対外金融――三六〇円レートの成立と終焉』名古屋大学出版会

下村恭民（二〇二二）『シリーズ「日本の開発協力史を問い直す」2　最大のドナーの登場とその後　政策史二・一九九〇年代以降』東京大学出版会

白鳥潤一郎（二〇一五）『「経済大国」日本の外交――エネルギー資源外交の形成　一九六七～一九七四年』千倉書房

白鳥潤一郎（二〇二四）「苦悩する「経済大国」――東京サミット（一九七九年）と日本外交」『国際政治』第二一二号

鈴木宏尚（二〇二四）「GATT三五条対日援用問題」『国際政治』第二一二号

高木佑輔・伊藤亜聖（二〇二四）『新興アジアの政治と経済』放送大学教育振興会

武田悠（二〇一五）『「経済大国」日本の対米協調――安保・経済・原子力をめぐる試行錯誤　一九七五～一九八一年』ミネルヴァ書房

田所昌幸（二〇〇一）『アメリカを超えたドル　金融グローバリゼーションと通貨外交』中央公論新社

吉岡桂子（二〇一七）『人民元の攻防』小学館

〈ブックガイド〉

大矢根聡（二〇二三）『日本の経済外交――新たな対外関係構築の軌跡』勁草書房
賠償や対中貿易からFTA政策、東アジア地域主義といった経済外交の諸課題について、歴史的考察と理論的分析との対話も意図しながら考察した論文集。

添谷芳秀（二〇一九）『入門講義　戦後日本外交史』慶應義塾大学出版会
占領期から二〇一〇年代まで日本外交の展開を網羅的に描き出した概説書。安全保障や経済、歴史認識問題といった現代の日本外交が抱える課題の歴史的経緯を明らかにしている。

高橋和宏（二〇一八）『ドル防衛と日米関係――高度成長期日本の経済外交　一九五九～一九六九年』千倉書房
「ドル防衛」問題をめぐって繰り広げられた日米関係を、貿易自由化やベトナム戦争、沖縄返還、安全保障面の負担分担といった外交問題と関連づけて叙述している。

船橋洋一（二〇二四）『宿命の子――安倍晋三政権クロニクル（上・下）』文藝春秋
著名なジャーナリストの手による第二次安倍政権の「記録」。TPP交渉参加やCPTPPの主導、「自由で開かれたインド太平洋」構想の実態を克明に描き出す。

若月秀和（二〇一七）『冷戦の終焉と日本外交――鈴木・中曽根・竹下政権の外政　一九八〇～一九八九年』千倉書房
一九八〇年代の日本がアメリカ、近隣アジア諸国、ソ連、西欧といかなる外交を展開したのかを検証した浩瀚な研究書。日本外交史における日米貿易摩擦の意味を考えるうえでも示唆に富む。

第6章　【沖縄と基地問題】沖縄の本土復帰と基地の重圧

河野康子

戦後日本にとって沖縄とは

沖縄の本土復帰は領土と安全保障という二つの政策が相互に交錯する複雑な課題だった。領土問題からみた沖縄とは、その法的地位つまり日本の主権の回復が問題だった。戦争で失われた領土の回復がいかなる困難を伴うのか、という問題は二一世紀に入った今日、私たちが日々目にしている通りである。施政権返還交渉の結果、一九六九年一一月の佐藤・ニクソン共同声明で沖縄の復帰が決まり一九七二年五月一五日に復帰が実現した。外交交渉で領土問題を解決した歴史的意味は大きい。復帰への道のりは厳しいものがあったし、その実現は戦後史のなかで評価されるべき成果であった。しかし、それにもかかわらず復帰は沖縄県民にとって決して満足できるものではなかった。復帰後、重い課題が残ったのである。それが米軍基地問題に他ならない。現在まで続く沖縄の基地問題と日米安保条約の関連性が問題となった。復帰後、沖縄には米軍基地のさらなる集中があり、その存在が日本の安全保障を支える構造となっている。第6章では、こうした複雑な構造を持つ沖縄問題を戦後と冷戦後という変化の中で考えたい。

1 サンフランシスコ平和条約とその後——安保改定と事前協議制度をめぐって

沖縄の地位と平和条約第三条

領土問題としての沖縄は日本の敗戦から始まる。一九四五年四月、太平洋戦争末期に米軍は沖縄本島に上陸、凄惨な地上戦を経て六月二三日に日本軍の組織的抵抗が終結した。その六月二三日が沖縄慰霊の日となり、その日には糸満市摩文仁の平和祈念公園内の「平和の礎《いしじ》」を訪れる県民の姿が見られる。多くの県民が沖縄戦で家族、親族を失った。

沖縄戦に続き米軍の占領下に置かれた沖縄について、その法的地位を決定したのはサンフランシスコ平和条約である。ところが、この条約は沖縄の地位について決して明確に規定しているわけではない。一九五一年九月八日に調印された平和条約では第三条が沖縄に言及し、国連信託統治の可能性に触れるとともに、それまではアメリカが施政権を行使すること、と規定していた。第三条は日本の主権についてまったく触れていない。日本に主権が残されていることを認めたのは、会議の席上で行われたアメリカ代表のジョン・F・ダレスとイギリス代表のケネス・ヤンガーのスピーチのみである。これが「潜在主権」と呼ばれることになる理由であった。しかし潜在主権が直ちに日本への復帰と結びついたわけではない。

日本政府にとって課題となったのはスピーチで認められたのみで明文化されなかった潜在主権をアメリカ政府が公式文書で確認することだった。これを実現したのは一九五七年六月、第一回岸首相訪米の際の共同声明である。潜在的主権とともに施政権返還に向けた国民の願望が明記された。共同声明で潜在的主権が明記された背景には沖縄における土地の強制収用をめぐる住民の抵抗運動、つまり島ぐるみ闘争があった。この動きは本土の新聞報道を通して国民世論を喚起した。戦後日本にとって沖縄問題が国民的課題となる契機であった。島ぐるみ闘争は第一回岸訪米の共同声明に向けた推進力となった。

安保条約改定と事前協議制度

しかし岸首相が模索したもう一つの課題は安保条約改定であり、この条約改定は沖縄問題に対して微妙な影を落とすことになった。新条約交渉ではのちの施政権返還交渉に向けた伏線となる次のような決定があった。（1）事前協議制度の新設、（2）沖縄に関する合意議事録、（3）非公開の朝鮮議事録である。

まず事前協議制度である。新条約調印は、岸首相にとって一つの成果ではあったものの沖縄の復帰を困難なものにしたことは否定できない。この時期には沖縄問題が単なる領土問題ではなく安全保障問題となっていた。条約改定交渉で外務省の安保課長だった東郷文彦はアメリカ側が交渉で事前協議に関する日本の要求を受け入れたのは、沖縄基地の自由使用を前提としていたからではないか、と述べている（東郷 一九八二）。事前協議制度は以下の三点について事前に日本政府への協議を義務付けていた。（1）在日米軍の配置の変更、（2）在日米軍の装備の変更、（3）日本からの戦闘作戦行動である。第二項の「装備の変更」は核兵器の持ち込みを意味する。その結果、本土の米軍基地については核配備に制約が課され、他方で沖縄基地については引き続き核配備が可能となった。これは米軍部にとっての沖縄基地の軍事的価値を高めたのである。実際、沖縄基地には新条約交渉に先立って核兵器配備が始まっていた。

次に沖縄に関する「合意議事録」がある。一九六〇年一月の新条約調印と同時に岸首相とハーター国務長官が沖縄に関する「合意議事録」に調印した。この「合意議事録」はアメリカの立場として「潜在的主権」も「施政権返還」も明記せず両国に共通する意図として「住民の福祉」の確保を明らかにした。「合意議事録」は施政権返還を棚上げし、住民の生活水準向上を重視したのである。

最後に新安保条約交渉では非公開の「朝鮮議事録」が合意された。「朝鮮議事録」は朝鮮半島の国連軍に対し外部からの武力行使があった場合、米軍は事前協議を要することなく戦闘発進ができるとしていた。「朝鮮議事録」の文言に、これが明記されているわけではないが、米軍部は「朝鮮議事録」について、このように解釈していた。

2　施政権返還要求の抑制と再浮上

施政権返還要求の抑制をめぐる日米の政治過程

ところで施政権返還という選択肢は日米間で当初から自明だったわけでは決してなかった。それどころか一九六〇年代前半において、施政権返還という選択肢はきわめて実現性の乏しいものとなっていた。沖縄統治の責任を担った米陸軍省は日本政府からの施政権返還要求を抑制し、他方でアメリカによる統治の既成事実化を図った。まず「大統領行政命令（Executive Order 10713）」（一九五七年六月）の制定である。

というのは、平和条約第三条は日本だけでなくアメリカにとっても決して満足できる内容ではなかったからである。第三条は施政権の行使を規定したのみであり、アメリカの沖縄統治に関する法的根拠を提供していたわけではなかったからである。沖縄の土地問題が争点化した背景には、住民から見てアメリカによる統治の根拠が十分に明確ではなかった、という事情があった。

しかしアメリカ政府にとって沖縄統治の法的根拠を確定することは実は難しかった。陸軍省は統治のための基本法として「琉球統治法」を複数回にわたり連邦議会に提出したが法案は通過しなかった。その結果、陸軍省は統治の基本法を断念し一九五七年六月、大統領行政命令（E.O.10713）を発令して沖縄統治に関する立法手続きのみを制度化したのである（新井 二〇二三）。

次に通貨の切替えである。翌一九五八年九月、アメリカ政府はそれまで沖縄で流通していたB円軍票を廃止しドルに切替え、沖縄経済をドル圏に取りこんだ。軍票を廃止することで軍政のイメージを払拭し、統治の正当化を印象づけようとしたのである。この政策で初めて連邦政府による沖縄援助予算の安定的な支出が可能になり、一九六〇年制定の「プライス法」では毎年六〇〇万ドルを上限として沖縄に対する連邦政府からの援助予算支出を認めた。ただし「プライス法」は連邦政府予算の支出を認めたものに過ぎず、統治の基本法ではない（河野 一九九四）。

同じ頃、沖縄に対する核兵器配備が始まる。メースBミサイル基地の建設が一九五四年頃から始まり、一九六一年には完成した。その結果、日本政府からの施政権返還要求は低迷する。核基地を含む沖縄の復帰は日本国内の一角に核配備を認めることになるため、復帰に向けた国内的合意形成に影を落とした。安保条約改定交渉の際、岸首相はマッカーサー大使（ダグラス・マッカーサーの甥）との間で個人的了解として「琉球情勢が平穏である限り日本政府は施政権返還を公式に要求することはない」と述べていた。この個人的了解を公式化したのは池田・ケネディ会談であった。一九六一年六月の池田訪米による共同声明には「施政権返還」に向けた日本国民の熱望が明記されていない。会談で池田首相は、アメリカが核基地沖縄を必要としていることに理解を示し「日本は沖縄の施政権返還を要求するつもりはない」と述べていた。

池田・ケネディ会談後の共同声明が沖縄の施政権返還に言及しなかったことは、沖縄社会だけでなく日本の国会にも衝撃を与えた。国会では翌年一九六二年二月一四日、野党議員から、池田首相がケネディ大統領に向けて沖縄返還を求めなかったのではないか、という疑義が出された。翌一九六三年六月には衆院予算委員会で大平正芳外相が「施政権返還を議題とする交渉は」これまで行われてこなかったと発言していた。施政権返還という選択肢の実現性は希薄なものになりはじめたのである。

国連における「植民地解放宣言（一九六〇年）」と沖縄

ところが一九六〇年代に入るとアメリカの沖縄統治は国際社会の中で困難に直面する。国連はアメリカの沖縄統治を含む異民族統治を植民地主義として非難する決議（植民地解放宣言、一九六〇年一二月）を採択した。国連は同宣言の実施を監視する目的で一九六二年に国連一七人委員会を設置、アメリカ国務省はこの展開に懸念を示していた。冷戦下で国連加盟国の多くを占めた新興独立国の支持を獲得する際、アメリカは植民地支配のイメージの払拭に迫られたのである。

国連の動きは琉球立法院の復帰決議にも影響を与えた。一九六二年二月一日、沖縄立法院は「施政権返還に関する要請決議」をすべての国連加盟国に送付する方針を明らかにし、一九六〇年の国連による「植民地解放宣言」に言及したのである。この事態のもとでアメリカ政府は沖縄に対する日本の主権と復帰の可能性を改めて文書で明記する方向を模索する。一九六二年三月一九日のケネディ声明である。ケネディ声明には「琉球が日本の一部であることを認め（中略）琉球諸島が日本の施政権下に復帰することになる場合の困難を最小限とするため（後略）」という文言が確かにあったことは事実である。しかし同声明は続いて「沖縄に対するアメリカの施政権を行使し続けることが軍事上、絶対に必要である。」と明記していた。つまりケネディ声明を出した当時、アメリカ政府に施政権返還への具体的な見通しや政策があったわけではなかったのである。

実際、ケネディ声明の発表に先立って沖縄と東京を訪問したケイセン調査団は一九六一年一〇月二〇日、那覇で沖縄県祖国復帰協議会（復帰協。一九六〇年設立）の代表と会見した。このときカール・ケイセン団長から「アメリカ政府としては施政権を返還する意図はない」との発言があり、復帰協はこれに強く反発、一〇月二三日には「調査団即時退島要求県民大会」開催を決定し、抗議声明を出している。さらに沖縄では一九六二年二月二八日、高等弁務官のポール・キャラウェイが記者会見で極東に緊張が続く限り沖縄の現状を維持するとし、この点は池田・ケネディ会談で話がついている、と述べていた。その結果として一九六〇年代初めの沖縄社会では、アメリカの施政権行使の将来的な継続をうかがわせるアメリカ側高官の発言に反発が強まることになった。

キャラウェイ高等弁務官の金門クラブ・スピーチとその波紋——ニューヨーク・沖縄・東京

ケネディ声明後の一九六三年から六四年にかけてニューヨークのアメリカ国連代表部、沖縄の政党勢力、そして日本の国会では、それぞれアメリカの沖縄統治の長期化を強く批判する声が挙がっていた。そのきっかけがキャラウェイ高等弁務官の金門クラブ・スピーチだった。一九六三年三月五日、キャラウェイは、住民が長年求めてきた自治について、沖縄では自治は「神話」であると発言した。この発言に最も早く反応したのはニューヨークのアメリカ国連代表部であった。アドレイ・スティーブンスン国連大使はこのスピーチが国連の掲げる民族自決権と矛盾する、とのコメントを国務省に送り、その上で国防長官と大統領宛の公電でスピーチのテキストを伝えたのである。

波紋は続いた。翌一九六四年二月、沖縄の社会大衆党（以下、社大党）が文書でキャラウェイのスピーチを批判した。この批判で注目すべき点はスピーチの内容に加えてスピーチが行われた場を問題にしたことである。当時、沖縄にはアメリカの大学、大学院で学位を得た人々の親睦団体として金門クラブ（一九五二年発足）があり、キャラウェイがスピーチをしたのは金門クラブの定例会であった。社大党はスピーチが金門クラブの「責任と能力を讃え彼らが指揮権を取る立場にある」と述べた部分を問題にした。つまり社大党は、沖縄社会でアメリカ統治継続を支持する親米勢力の台頭を予測し懸念したのである。実際には金門クラブのメンバーがすべて親米的だったわけではまったくない。しかし重要なのは、キャラウェイのスピーチを通して沖縄社会で優秀な若手が親米層として台頭する可能性を示唆した社大党の認識だった。その後、沖縄では琉球政府与党の沖縄自民党が分裂、キャラウェイに対する弱腰を批判された大田政作主席は辞表を提出し、主席のポストは空白のままとなった。沖縄の政情不安が外務省の関心を呼ぶことになる。これは施政権返還が外交課題として浮上する契機となった。

この時期、東京では沖縄問題をめぐるいくつかの変化が生じていた。まず外務省は一九六四年六月一日付で沖縄問題担当部局をアジア局からアメリカ局北米課とする機構変更を行った。将来的な施政権返還を視野に入れた変更だった。従来アジア局は総理府との提携のもと日本政府の沖縄援助予算増加に向けて積極的に対応してきた。しかし他方でアジア局による対応は、制度上、アメリカ政府に向けた外交ルートには乗らなかったことも否定できない。北米課が沖縄問題担当となった後、同課は施政権返還へ向けて政策形成の強力な推進力となる。つまり施政権返還そのものを外交交渉の課題とする制度的な枠組みができたのである。

自民党の総裁選が行われたのは同年の翌七月である。このとき立候補した佐藤栄作（立候補に際して科学技術庁長官、北海道開発庁長官を辞任）は記者会見で次のように述べていた。「領土問題が片付かないと戦後が終わったと（略）は言えない。（略）私が政権を取ればいずれはアメリカに出かけてジョンソン大統領に対しこの問題を正面から持ち出す」。

先に見た通り一九六二年から一九六三年にかけて国会では日本政府がアメリカ側に向けて施政権返還を申し入れてこなかったことが問題となっていた。佐藤発言は、当時の国会における施政権返還要求をめぐる質疑を知る者にとっては腑に落ちるものがあったのではないだろうか。とはいえ、この段階でも、その後、政権を担当した際にも、佐藤に沖縄返還の方法について具体的な構想があったわけではない。しかし注目すべきなのは、岸内閣期後半以降、池田内閣期にかけて日米間で抑制されてきた施政権返還という選択肢が改めて浮上し、政治的外交的な課題として登場したことである。画期的なことと言えるだろう。

3 施政権返還交渉への道のり

第一次佐藤訪米（一九六五年一月）——共同声明の画期性とアメリカ側の動き

佐藤政権発足後、最初の訪米ではジョンソン大統領との会談後の共同声明に「施政権返還に対する日本政府と国民の熱望」が書き込まれた。他方でアメリカ政府内では訪米した佐藤首相が施政権返還に言及したことに関心が集まっていた。佐藤訪米をきっかけとして国務省、国防省には施政権返還の検討を始める機運が生じたのである。その際、問題は沖縄基地だった。国務省の日本専門家であるリチャード・スナイダー日本部長は国防省の国際安全保障担当次官補代理のモートン・ハルペリンと共に、返還の際の米軍基地のあり方について両省間で検討を始めた。安保条約の事前協議制度が適用されていない沖縄基地の機能が復帰後どうなるか、が焦点となったのである。この検討の中でスナイダー日本部長とハルペリン次官補代理は、返還後の沖縄基地は核兵器の持ち込みと戦闘作戦行動の自由のみが問題となり、これらの点は交渉で日本政府と調整できる、と考えはじめた。

佐藤首相は一九六七年一月、返還後の基地について全面返還論で取り組むことを明らかにしている。全面返還とは沖縄の米軍基地を含む返還方式であった。当時、一般的には、米軍基地に配備された核兵器との関連で全面返還は困難、との見方が強かった。とりわけ沖縄社会で支持されていたのは基地付き全面返還ではなく「教育権分離返還」だった。教育権分離返還とは、教育行政のみを日本の文部省の管轄下に置くことを中心とする方式だった。沖縄では沖縄教職員会が、戦後早い時期から教育権分離返還を主張していたのである。一九六六年八月には総理府の森清総務長官が沖縄を訪問し、非公式に教育権分離返還について高等弁務官に打診していた。一連の動きに対し佐藤首相は分離返還ではなく基地を含む全面返還をめざす、との意思表示を行ったのである。その結果、施政権返還後の基地のあり方が改めて問題となった。つまり本土と同じ日米安保条約の事前協議制度を沖縄基地に適用するかどうか、が問題となり、沖縄返還をきっかけに一九七〇年に期限切れとなる安保条約の延長に関心が集まりはじめた。安保条約は第一〇条で有効期限を一〇年としていたのである。

安保条約の期限延長に関しては固定延長と自動延長という二つの方式があった。固定延長は一九七〇年に期限切れとなる条約を一〇年間延長する方式であり、自動延長は、そのまま延長する方式である。佐藤首相は一九六六年七月、訪日中のD・ラスク国務長官から条約期限について自動延長方式としたい、との意向を伝えられている。固定延長は連邦議会を通らないから、という理由だった。連邦議会では条約が日本にとって一方的に有利、との見方が強かったのである。

日本では延長方式をめぐり自民党内で見解の相違があった。佐藤首相は党副総裁の川島正次郎を外交調査会長とし、党内の固定延長論に対する説得に努めている。ようやく一九六九年一〇月に入って党総務会が自動延長を党議決定した。日本側でも固定延長が国会の承認を得ることは難しかった。

施政権返還の要請と第二次佐藤訪米――「両三年内」とブルー・スカイ・ポジションの削除

一九六五年の第一次佐藤訪米後の共同声明は施政権返還に対する日本政府の願望を表明したものであったが、正式な返還要求ではなかった。では施政権返還について正式な対米要求はいつだったのか。それは三木武夫外相からアレクシス・ジョンソン大使宛の覚書を手交した時（一九六七年七月一五日）である。

覚書では沖縄だけでなく小笠原諸島を含む施政権の返還を要請した。これまで旧島民の墓参等を中心に取り組まれてきた小笠原問題について施政権返還が課題となったのである。九月の三木外相訪米では、ラスク国務長官との会談で覚書の内容に合意している。

一連の準備作業のなか、一九六七年一一月の第二次佐藤首相訪米へ向けた政府内の意見集約が進んだ。外務省内では核兵器の持ち込みについては事前協議を適用、戦闘作戦行動については事前協議を適用しない（つまり、従来通り自由使用）という案を固めていた。しかし佐藤首相は外務省案に否定的であった。佐藤首相は基地については国民世論の動向を見極める必要があるとし、一一月の訪米では基地については議題としない、との考えだった。むしろ佐藤首相の強い意向は共同声明に時間的要素を盛り込むことであった。

佐藤首相は同年八月、首相の私的諮問機関として沖縄問題等懇談会（沖懇）を発足させている。沖懇の前身は森清総務長官が設置した沖縄問題懇談会である。佐藤首相はこれを拡充し首相の諮問機関としたのである。沖縄問題「等」懇談会、とすることで小笠原、北方領土等の問題も議題とする、という含みだった。懇談会には新メンバーに軍事評論家の久住忠男が入った。返還後の基地のあり方についての提言が期待されていたのである。第一回会合は八月一六日に開かれ、ここで佐藤首相が、沖縄問題を議論する際、日本国内の態勢、日米安保に反対する勢力は無視できない。これをいかに説得するか、が問題である、と発言している。佐藤首相は全面返還の場合、安保条約反対論が根強い現状を懸念したのである。

翌九月に懇談会で報告した久住忠男は、（1）一九七〇年までに一括返還、（2）基地は究極的には安保条約に基づく本土並み、（3）核はメースBミサイルの撤去、を提言していた。一〇月には、佐藤首相の訪米に向けて座長の大濱信泉が総理府の山野幸吉局長との協力のもとで「両三年内」に返還の目途をつける、との方針を中間報告に盛り込んでいた。しかし当時、外務省は時期に関する表現を共同声明に盛り込むことは困難、と見ていた。そのなかで佐藤首相は首相官邸の楠田實秘書官を通じて若泉敬（京都産業大学）を個人的密使としてワシントンに送り、共同声明に「両三年内」というフレーズを盛り込むことに成功する。とはいえ共同声明のこの部分は、両首脳間の合意ではなくあくまで佐藤首相の一方的な発言となっていた。正確に言えば共同声明で「両三年内」が合意されたわけではない（野添 二〇一六）。

その背景にはアメリカ連邦議会の強い反対があった。上院軍事委員会のリチャード・ラッセル委員長は「両三年内」を首脳間の合意として共同声明に盛り込むことに最後まで同意しなかった。その結果「両三年内」というフレーズに対する大統領の合意を明記せず、佐藤首相の一方的願望としたことでようやく話がまとまったのである。

一九六七年一一月訪米では、沖縄、小笠原の施政権返還の合意に加えて、いわゆる「ブルー・スカイ・ポジション」を共同声明から削除したことが注目される。ブルー・スカイ・ポジションとは「極東に脅威と緊張が続く限りアメリカは沖縄の施政権を行使し続ける」という一節を指していた。共同声明にこの一節を明記することを通して、冷戦が続くかぎりアメリカには施政権返還への意思がないことを示す意味があった。これまでの共同声明ではこの一節が繰り返されてきたのである。一九六七年一一月の共同声明からブルー・スカイ・ポジションを削除したことは施政権返還自体をめぐる両国間の合意を象徴するものとなり、施政権返還が近い将来、交渉のテーブルに載ることはほぼ既定路線となった。

「核抜き本土並み」とは何か——事前協議制度の適用をめぐって

佐藤首相は一九六七年一一月の訪米で返還後の基地のあり方については議題にしなかった。しかし訪米に先立ってすでに沖縄では「核抜き本土並み」を要請する立場が示されていた。一九六七年一一月四日、琉球立法院が決議を出し、(1)施政権返還の時期を明確にすること、(2)基地については「核付き、自由使用」には反対、他の府県と異なる特殊の負担や制約を受けるものであってはならない、(3)基地の現状是認には反対、との内容を明らかにした。この決議の第二項はとりもなおさず「核抜き本土並み」要求であった。翌年一九六八年五月、松岡政保行政主席による施政方針演説では「米軍基地は本土並み」とすることを明確にしていた。

東京では同年二月、沖縄問題等懇談会の下に基地問題研究会(基地研)が設置され、久住忠男のほか、安全保障政策、防衛政策の専門家の参加を得て議論が始まっている。基地研では「核抜き本土並み」について、核兵器の持ち込みと戦闘作戦行動について事前協議制度が適用できるかを議論していた。

基地研の議論が進むなかで、一九六八年一一月には沖縄で初の行政主席公選が実施された。かねてより県民から強い要望があった自治権拡大の一環だった。公選には、沖縄教職員会長として早い時期から復帰運動を主導してきた屋良朝苗と、沖縄自民党に属し、当時、那覇市長だった西銘順治が立候補した。社大党、社会党、人民党を中心に革新陣営の支持を受けた屋良候補は、即時無条件復帰を掲げ、これに対して西銘候補は、本土との一体化と段階的復帰を掲げていた。結果は屋良候補が大差で勝利したのである。日本政府と自民党の強力な支援を得た西銘候補が敗れたことに、アメリカ政府には衝撃が広がった。屋良候補の勝利後、沖縄を訪問したスナイダー日本部長は、アメリカにとって復帰は「ポイント・オブ・ノー・

リターン」、つまりすでに後戻りできない課題になった、との報告を本国に送っている。この時期、アメリカ大統領選挙ではR・ニクソンの勝利が決まっていた。

佐藤首相の国会答弁と韓国からの意思表明

佐藤首相は第二次訪米後、基地のあり方について国会の場でまだ白紙であるとの発言を繰り返していた。そのなかで前述の基地研は、世論の集約に向けて役割を果たしていく（中島敏次郎 二〇一二）。基地研は一九六九年一月、日米京都会議を主催、日米双方の参加者が沖縄返還を議論する場を作った。三月には最終報告書で「核抜き本土並み」を提言した。

日本政府の動きに変化があったのは一九六八年一一月、佐藤内閣の改造人事のころである。愛知揆一新外相は条約局条約課に向けて「核抜き本土並み」以外の選択肢について検討することを指示していた。これを受けて条約課の中島敏次郎課長は、もし「核抜き本土並み」以外の選択肢、つまり「核付き」および「戦闘作戦行動の自由使用」であれば、どうなるのかを検討した。その結果いずれの場合であっても安保条約の事前協議制度に対する修正が必要であり国会承認が必要、との判断をまとめ愛知外相に伝えている。条約課は事前協議制度に対する修正をせずに返還を求める方法としては「核抜き本土並み」以外はあり得ず、これが唯一の方法である、と判断したのである（中島敏次郎 二〇一二）。当時外務省アメリカ局には「核抜き本土並み」で交渉に入ることへの強い懸念があり「核抜き本土並み」の場合、何らかの特別協定が必要、との意見が強かった。そのため愛知外相は、あえてアメリカ局以外の判断を求めたことになる。

翌一九六九年に入ると佐藤首相の判断に「核抜き本土並み」への志向が明らかになる。二月一八日、保利茂官房長官が外務省幹部を招いて会談し、この会談で暗に示された「核抜き本土並み」への首相の意向を牛場次官が読み取っていた。三月一〇日の参議院予算委員会で佐藤首相は「沖縄が復帰すれば、憲法はそのまま沖縄に適用されるのは、当然」であり「特別の取り決めをしない限り安保条約がそのまま適用される」と述べた。従来の「白紙」発言から一歩踏み込む内容であり「核抜き本土並み」と解釈されたのである。佐藤首相の答弁は国会という公の場で日本政府の方針を明らかにしたところに意味があった。

実際、この答弁は韓国からの反響を呼んだ。施政権返還について「核抜き本土並み」をめぐり自国の安全保障上の懸念を強めていたのは韓国だった（小林 二〇一一、波多野 二〇二四）。韓国から見れば一九六八年一月のプエブロ号事件等、北朝鮮による挑発的な行動が目立つなか、沖縄の米軍基地の機能を維持することが自国の安全保障上、必須であった。韓国にとって「核付き自由使用」こそが望ましい基地のあり方だった。佐藤首相の答弁後、四月九日に韓国から日本政府に対して覚書が手交されている。一日前には韓国からアメリカ政府に対する覚書も手交された。日本宛の覚書には一九六八年八月の日韓定期閣僚会議の共同声明で合意した、「日韓両国の安全と繁栄は分離できない」、という趣旨を尊重するよう期待する、との内容が含まれていた。

後に施政権返還交渉で合意された日米共同声明には、日韓閣僚会議の共同声明の「韓国の安全は日本の安全に影響を及ぼす」というフレーズが活かされることになった。当時、外務省内にも、日本はアメリカに対して基地を貸すだけでいいのか、パートナーとしての主体的な意思を持つべきなのか、という問題提起があった。こうして施政権返還交渉は地域的役割分担をめざす文脈の中で「核抜き本土並み」を実現する、という課題を担うことになったのである。

施政権返還交渉の開始（一九六九年六月）——佐藤・ニクソン共同声明（同年一一月）

交渉は一九六九年六月の第一回愛知外相訪米で正式にスタートした。交渉の成果は共同声明と佐藤首相のプレス・クラブ・スピーチに結実した。共同声明は一五項目から成るが、その眼目は第四項（韓国条項、台湾条項、ベトナム条項）と第八項（核）である。

まず第四項は「韓国の安全は日本自身の安全にとって緊要（essential）」であり、「台湾地域における平和と安全の維持も日本にとって極めて重要（important）」である、と述べている。韓国と台湾への言及について異なる重みづけをし、その上で韓国の安全保障に対する日本政府の認識を明らかにした。日本の地域的役割分担への意欲を示していたものの直接に何らかの具体的な行動を約束するものではない。とはいえ、これまでの共同声明で日本が特定の国名を挙げて、その安全保障に対する関心と認識を明らかにしたことはなかった。その意味で韓国条項は、これまでの日本政府の立場、つまり自国以外の地域的安全保障については一切関心を持たない、との立場から、少なくとも認識のレベルに関する限り慎重な第一歩を踏み出すきっかけとなった。

佐藤首相のプレス・クラブ・スピーチでは「特に韓国に対する武力攻撃が発生するようなことがあれば」「事前協議に対し前向きにかつすみやかに態度を決定する方針」である、と述べている。これまで事前協議について日本政府がほぼ「ノー」であり、拒否権に近い解釈をしてきたことに比べて「イエスもノーも」あり得る、という立場を明らかにしたのである。

もう一つ注目すべき点は、韓国条項との関連で佐藤首相が、一九六〇年の「朝鮮議事録」（非公開）の廃止を求めたことである。つまり新たな韓国条項を「朝鮮議事録」に代替させ、非公開合意の解消をめざした。佐藤首相は「朝鮮議事録」の内容自体を否定したのではなかった。非公開合意という形に懸念を示したのである。しかしアメリカ側は「朝鮮議事録」の廃止に同意しなかった。理由はアメリカにとって韓国条項はあくまで事前協議という手続きを前提としていたことに比べ、「朝鮮議事録」では何の手続きも要さず直ちに米軍の戦闘発進行動が可能だったことによる。この点を考えると、アメリカ側から見て事前協議制度は決して空洞化していたわけではないことがわかる。

最後に核については、日本側が交渉開始の頃からすでに沖縄に核を存置することは国内の核に対する特殊な感情から論外であることを伝えていた。一方、国務省には核について交渉終盤には譲歩し、戦闘発進のための自由使用を優先しようとの考えがあった。しかしニクソン大統領は大統領選における繊維業界との公約を重視し、核についての譲歩を最後まで拒んだ。つまり日本から繊維の対米輸出に関する自主規制という譲歩を引き出そうとし、そのため核撤去を取付けるためのカードとして温存したのである。この問題は、一一月の首脳会談でようやく決着した。

「沖縄核密約」とは何だったのか

佐藤・ニクソン会談で共同声明の核条項について合意した際、両者が隣接する小部屋に入り、あらかじめ用意されていた「合意議事録」にサインしたことはよく知られている（中島琢磨 二〇一二）。この「合意議事録」が、いわゆる「沖縄核密約」である。佐藤首相の密使として大統領補佐官のヘンリー・キッシンジャーとの交渉に当たった若泉敬が一九九四年の著書『他策ナカリシヲ信ゼムト欲ス』で明らかにした。

この本の冒頭には「合意議事録」の写真版が掲げられている（若泉 一九九四）。ただし、ここには佐藤とニクソンのサインがない。これらの点から「合意議事録」が実際に使われたのか、という点に疑問が残っていた。ところが二〇〇九年一二月、『読売新聞』のスクープにより佐藤首相の遺族が保管していた「合意議事録」のサイン入り原本の存在が明らかになったのである。この「合意議事録」をどのように考えればよいのか。まずその内容を見ると、嘉手納・辺野古・那覇等の核貯蔵施設を維持し、いつでも使用できる状態にすること、について佐藤首相とニクソン大統領の合意が明記されている。この点は沖縄県民が求め、これを踏まえて正式交渉で日本政府が求めた「本土並み」という条件からは逸脱していた。次にその効力を考えると、現時点ではこの文書を米軍部がどのように評価し、それが交渉の行方にどのように影響したのか、が必ずしも明らかではない。つまり「合意議事録」がなければ交渉は成立しなかった、のかどうかは不明である。その意味で「合意議事録」の評価は今後に残された課題と言えよう。

4　冷戦終結と沖縄――復帰後

基地の集中化と固定化

復帰によって領土問題としての沖縄問題には終止符が打たれた。しかし基地はその大半が残った。基地は本土との格差を象徴する存在となり、日米安保体制に内在する不安定要因となったのである。基地の集中化と固定化は、一九六〇年代後半から一九七〇年代に始まっていた（野添 二〇一六、川名 二〇一四）。まず復帰当日の一九七二年五月一五日、日米合同委員会が「五・一五メモ」に同意し、同じ日に国連軍合同会議を開いた。この会議で嘉手納飛行場、ホワイトビーチ地区と共に普天間飛行場の国連軍基地化が合意された。これらの基地には国連軍基地協定が適用され、これがその後の普天間飛行場増強のきっかけとなった（川名 二〇二四）。実はニクソン大統領訪中で米中和解となったとき、アメリカ政府内では朝鮮半島の国連軍の存在意義が問題となり一九七三年から一九七四年にかけて朝鮮国連軍の解体論が浮上した。しかし結局、米中間での調整がつかず国連軍は解体されずに残った（千々和 二〇二二）。東西の緊張緩和（デタント）にもかかわらず、普天間基地の縮小に向かう機運は訪れなかったのである。

次に関東計画との関連がある。一九六〇年代末、アメリカ政府は在日米軍基地の再編成に着手していた。関東平野に米軍基地が集中する事態を改善すべく米空軍基地を横田に集約し、それ以外の基地の返還を計画した（関東計画）。一九七三年一月の日米安保協議委員会（SCC）で合意し、沖縄基地も返還対象となったが、その規模は限定的なものでしかなく、しかも撤去ではなく移設が前提であった。一九七三年八月にはニクソン政権が沖縄の海兵隊を五年間維持することを決定、沖縄基地の整理縮小は一区切りとなる。その結果、本土の米軍基地が大幅に縮小されたことに対し沖縄基地の縮小は小規模なものに留まったのである（野添 二〇一六）。

一九七二年に沖縄基地の面積は在日米軍基地全体の五八・五八％であったが一九七五年には七三・二五％に上昇し、さらに海兵隊と空軍は増強され嘉手納基地が空軍、普天間基地は海兵隊の拠点となった。普天間の海兵隊は一九七二年に約一万六〇〇〇人、一九七五年には約一万八〇〇〇人となり、さらに一九八〇年には約二万人まで増強された（野添 二〇一六）。

沖縄の政治と社会――西銘県政と沖縄の保守

一九七八年の県知事選挙では、革新系の平良幸市の病気による辞任に伴い自民党県連と中道勢力（社民党、新自由クラブ、社民連）が支持する西銘順治が当選した。西銘県政は三期にわたる長期政権となり、その間、西銘知事は訪米しワインバーガー国防長官等に向けて、基地の縮小、普天間飛行場の早期返還等を申し入れている（野添 二〇二二）。西銘は主席公選に敗北後の一九七〇年、国政参加で自民党から衆議院に立候補し、当選した。瀬長亀次郎（人民党）、上原康助（社会党）、安里積千代（社大党）等と共に国政の場で活躍し衆院で当選三回を数えた。このとき、西銘は自民党田中派に属し、ここで人脈を築いた。西銘県政の第一期には首里城正殿復元への道筋を付けたが、これには衆議院議員時代に培った人脈の山中貞則の尽力があった。

一九九〇年の知事選では革新共闘会議の支持を得て基地撤去を掲げた大田昌秀（琉球大学）が大差で勝利する。当時、冷戦終結を背景として県内には平和の配当を求める声が強まっていた。しかし冷戦終結をめぐり沖縄県と日本政府との認識には温度差があった。冷戦終結が米軍削減をもたらしたのは主にヨーロッパであって東アジアで冷戦は終わっていない、との見方が政府内には強かった（野添 二〇一六）。実際、一九九三年には北朝鮮の核疑惑が表面化し翌一九九四年にかけて第一次朝鮮半島危機が生じる事態となり、アメリカ国防総省は一九九五年「東アジア戦略報告」（通称ナイ・レポート）で、今後東アジアに一〇万人の米軍を維持する方針を示した。大田知事はこれに対して沖縄米軍基地の削減につながらないとして懸念を強めていた。

5　少女暴行事件の衝撃と日本政府の対応

軍用地継続使用のための代理署名の拒否

大田知事にとって第一期目に直面した課題が、軍用地の継続使用のための公告・縦覧代行問題だった（野添 二〇二二）。米軍が使用する軍用地については、駐留軍用地特措法で知事が地主に代わり土地提供を認める代理署名を行ってきた。大田はもともと公告・縦覧代行には前向きでなかったが、当時、策定中の振興開発計画への影響を考慮して一九九一年五月、代行を応諾した。これに対して革新団体からの批判があり、大田は二期目に入った一九九五年には契約更新のための代理署名に否定的になっていた。同年九月に起きた二名の米兵による一二歳の少女に対する暴行事件を受けて大田知事は九月二八日、県議会で代理署名を拒否する意向を表明、一〇月二一日の県民大会を経て大田は上京し一一月四日に村山富市首相に署名拒否を伝えた。さらに大田知事は沖縄基地問題協議会の設置を提案した。村山首相は、一一月一七日の閣議で沖縄基地問題協議会の設置を決定した。その二日後の一九日、日米両政府はSACO（沖縄に関する特別行動委員会）の設置に合意、報告書の作成に向かうことになった。

村山政権期以降、国際情勢が厳しさを増す中で沖縄県と日本政府との関係を「ガラス細工」のように積み上げる作業が続く（佐藤 二〇二二）。従来、沖縄県から見て基地問題についての政府機関が外務省、防衛施設庁に、他方で振興計画については沖縄開発庁に分散しており、総合的な対応が不十分であったことを是正する狙いだった（古川 二〇〇五）。

翌一九九六年一月に成立した橋本龍太郎政権では、大田知事との会談を経て首相が二月に訪米、クリントン大統領との会談で普天間飛行場の返還を申し入れた。その後橋本首相とモンデール駐日大使とが普天間飛行場返還をめぐる合意を発表した（五百旗頭・宮城 二〇一三）。ただし既存の基地内にヘリポートを建設し、五年から七年後に普天間飛行場を返還するなどの条件だった。この経緯について同年一一月に首相補佐官となった岡本行雄は、後に次のように回想している。普天間については、まず沖縄との間で移設先について合意なくして移設はできない、ということをアメリカ側と合意し、その後、沖縄との相談、という手順でなければ何事も動かない、と。（佐藤 二〇二二）。移設をめぐるその後の難航と迷走を予言するものであった。

普天間飛行場の移設をめぐる政治過程

橋本政権のもとで一九九六年八月には島田懇談会（沖縄米軍基地所在市町村懇談会、座長は慶應大学の島田晴雄）が発足している。翌九月にはすでに村山政権期に設置されていた沖縄米軍基地問題協議会を拡充し、沖縄政策協議会（沖政協）とした。基地問題だけでなく振興を含めた沖縄問題全般を扱う機関とし、総理を除く全閣僚と知事が参加するものとなった。一〇月には沖政協が初会合を開き島田懇との連携のもと、課題として沖縄県内の雇用創出と人材育成を掲げた。沖政協は一〇のプロジェクトチームを立ち上げたが、そのなかに基地の跡地について利用、転用を推進することが盛り込まれていた。これは後に、沖縄経済振興に大きく寄与することになる。

沖縄県は同年九月、地域経済として自立し雇用が確保され、生活が向上することをめざす、との「二一世紀沖縄のグランドデザイン」を出している。その特徴は、復帰以降、港湾、空港など公共分野の整備が進んだことに対して、公共分野よりも住民の生活レベルに直結する分野を先行した点にあった（佐藤 二〇二二）。

先に見たSACOが最終報告書を出したのは一九九六年一二月である。報告書は普天間飛行場の代替施設として海上施設案を提示していた。そこには海上施設案は撤去可能なもの、という含みがあった。

一九九八年一二月の知事選では自民党、経済界等の幅広い支持を得て稲嶺恵一が当選した（野添 二〇二二）。稲嶺は知事選立候補にあたって経済振興に加え海上へリポート案の見直し、移設先は軍民共用とする、使用期限を、例えば一五年とする等を掲げていた。稲嶺は小渕政権との提携関係を築く。稲嶺知事が沖縄経済新法を公約し、これに対して小渕政権は沖縄に対する特別調整費一〇〇億円を計上した。稲嶺知事は一期目の一九九九年一一月、県民に向けたメッセージで沖縄の将来を左右する問題の一つは普天間飛行場の移設である、とし、苦渋の選択として辺野古移設を受け入れたのである。その際、稲嶺は移設には条件をつけ、これを沖縄の振興につなげることが知事の責務である、と述べ、移設先をキャンプ・シュワブ水域内の名護市辺野古沿岸域とすることとした。

これを受けて小渕政権は同年一二月「普天間飛行場の移設に係る政府方針」を閣議決定した。内容は移設先を民間飛行場としての機能を持つ軍民共用とすること、使用期限を一五年としアメリカ側と協議すること、北部振興策を策定することに加えて駐留軍用地の跡地利用の促進等を掲げている。稲嶺知事の方針に沿った内容だった。しかし使用期限について政府がアメリカ側と協議したことはなかった。この政府方針は二〇〇六年五月三〇日、小泉政権期の閣議で廃止されるまで続いた。

一一月の稲嶺知事によるメッセージを受け、翌二〇〇〇年五月には島田懇が報告書を出した。基地移転後の跡地利用の促進と再開発等の方針を盛り込んでいた。基地の跡地利用については復帰後、一九九〇年代に入っても目立った進展がなかった。その後二〇〇〇年代に入り那覇市天久地区に地元資本による商業施設や美術館が建設され、那覇新都心となった。これに伴う人口増に加え経済効果は約一六三四億円に上り、再開発前との比較で約三二倍の経済規模となった。これに先立って北谷町美浜地区も再開発による成果があった。一連の跡地利用の成功は沖縄県の基地依存度のさらなる低下につながり、これが沖縄経済界の認識に変化をもたらすことになる。

しかし稲嶺県政の二期目（二〇〇三年）以降、県と日本政府の関係が次第に冷却する。小泉内閣発足後の日本政府の対応には従来と比べて変化が生じていた。二〇〇六年四月、防衛庁と名護市は県の頭越しに辺野古のキャンプ・シュワブにV字型滑走路を建設、ここを移設先とする案を決定した。稲嶺案を無視するものだった。五月には日米安保協議会でこの案を合意、辺野古沿岸部分の埋め立てが決まる。五月三〇日の閣議では、一九九九年一二月の小渕内閣における閣議決定が廃止され、これに伴い北部振興策も廃止された。埋め立てによるV字型滑走路建設案は、辺野古基地の固定化につながるとして、県からの強い反発を招いた。稲嶺県政の二期目は日本政府との協調関係が失われ、防衛庁と名護市との交渉で移設問題が進む。県内には日本政府に対する不信感が強まることになった。

日本政府への不信とオール沖縄の構築

二〇〇六年一一月、稲嶺知事の退任を受けて仲井眞弘多が知事選に立候補した。公約として普天間飛行場は三年を目途として閉鎖状態とする、県内移設はやむを得ないが辺野古についてはV字型滑走路建設への反対を掲げた（野添 二〇二二）。仲井眞は当時の県内の失業率の高さ（七・七％）を問題にし、全国レベルの四％台とすることをめざした。当選後の二〇〇七年、仲井眞知事は日本政府に対し辺野古に建設予定のV字型滑走路を沖合に移動する提案を行った。しかし当時の守屋武昌防衛事務次官の反対により実現しないまま移設問題は進展を見なかった。

二〇〇九年五月、民主党の代表に就任した鳩山由紀夫は、衆院選前の七月、沖縄を訪問し政権交代した際には普天間飛行場の県外移設をめざす、と演説していた。しかし同年八月に発足した鳩山政権は政権内部で県外移設について合意を形成することができなかった。翌二〇一〇年五月、沖縄を訪問した鳩山首相は県外移設を撤回した上で改めて辺野古への移設を要請したのである。これに対して県内には、鳩山政権だけでなく政権交代そのものに対する失望と批判が広がった。同年秋の知事選で当選し二期目となった仲井眞知事は、前年の県外移設に関する鳩山発言を受けてすでに県外移設に舵を切っており、その方向で日本政府に対する働きかけを重ねた。しかし二〇一二年衆院選の自民党大勝で発足した第二次安倍政権は辺野古移設を強力に推進する方針だった。二〇一三年三月には沖縄防衛局が辺野古移設のための埋め立て工事を県に申請する。そこで沖縄県の許可が焦点となった。

仲井眞知事は第二次安倍内閣の菅官房長官との間で折衝を重ね、同年一二月二五日には安倍首相から沖縄振興予算の大幅増額について合意を得た。そのわずか二日後の二七日、仲井眞は移設のための埋め立て承認を公表したのである。この推移が県内から強い反発を生じたのは言うまでもない。知事の認識はどうあれ、県民の眼には振興予算の大幅増と埋め立て承認との取引と映ったことは否定できない。沖縄県内ではすでに二〇一〇年の鳩山首相による県外移設撤回の頃から、日本政府に対する不信感が高まっていた。

政権交代しても日本政府の沖縄政策には変化がないことに対し県内の不満は大きかった。基地の沖縄への集中がオール・ジャパンの意思であるとすれば、対抗する基軸はオール沖縄しかない、という認識が次第に高まったのである。この認識が、県内に保革を越えた超党派の動きを生じる契機となった。

6 国際情勢の変化と基地問題のゆくえ

オール沖縄の発想は、これ以前からすでに芽生えていた。そのキー・パーソンが翁長雄志である（野添 二〇二二）。もともと父と兄が保守系政治家だった家庭に育った翁長は、一九九八年知事選で自民党沖縄県連幹事長として稲嶺擁立の立役者となった。中道勢力としての公明党に加え、社大党、社民党、共産党とも信頼関係を築き、稲嶺県政に県民党というイメージを付与することに成功したのである。その後二〇〇〇年に翁長は那覇市長選に当選した。このとき、自民党沖縄県連幹事長を辞して無所属で立候補している。沖縄県では県民同士が対立するのではなく一つの政治力としてまとまらない限り政治・経済が成り立たない、という翁長の信条が背景にあった。二〇〇四年に那覇市長に再選後、日本政府は二〇〇六年、辺野古移転について稲嶺案を無視したV字型滑走路建設を決定した。キャンプ・シュワブ沿岸部の埋め立てを伴う決定だった。それまで辺野古移転を容認してきた翁長が、日本政府批判に転じたのはこのときである。V字型滑走路案は移設後の辺野古基地固定化に他ならなかった。二〇〇八年に那覇市長三期目を迎えた翁長は鳩山政権の県外移設案をめぐる迷走に直面してオール沖縄の構想を固める。これまで保革の対立点となってきた日米安保条約と基地問題をめぐる賛否をひとまず棚上げし、その上で普天間飛行場県外移設、基地は整理縮小という方針で革新陣営を説得したのである。二〇一二年、MV－22オスプレイの普天間飛行場への配備に対し一〇万人規模の反対集会が超党派で開かれた。この時期から次第に辺野古移設に反対する勢力としてオール沖縄が台頭する。もう一つの契機は沖縄経済の基地依存度が約五％程度まで低下したことであった。県民の間で次第に基地が経済の阻害要因という認識が広がっていた。跡地再開発の成功は財界が基地経済からの脱却と自立をめざす要因となった。政府による振興策を基地受け入れの条件と考えてきた財界の一部に、基地がなくとも経済成長は可能という認識が芽生えていたのである。

二〇一四年一一月の知事選に立候補した翁長は、オール沖縄を支持基盤として現職の仲井眞知事を大差で破る結果となった。翁長の支持基盤は革新政党（社民党、社大党、共産党）と中道勢力が中心となり、自民党、公明党のほか、財界の一部が加わった。財界には政府の振興策に頼ることなく観光業などによる経済成長への見通しを背景に翁長支持の動きが生じていた。翁長県政は日本政府に対して従来の立場、つまり振興策と基地問題とを一括して考える立場を改めて否定した。続いて翁長は前知事の仲井眞による埋め立て申請の承認について検証する、第三者委員会を立ち上げた。第三者委員会は、同年七月、仲井眞県政期の埋め立て承認について手続きに瑕疵があったとする答申を発表、これを受けて一〇月には翁長知事が埋め立て承認の取り消しを公表した。これについて国が県を提訴し裁判闘争となったが、二〇一六年一二月、最高裁判決で県の敗訴が確定した。第二次安倍内閣はこれを受けて辺野古移設を再開している。翁長の期待に反して安倍政権は長期化し、その過程で日本政府によるオール沖縄陣営の切り崩しが進んだ。二〇一八年春、病を得た翁長知事は八月八日に死去、それを受けて九月に知事選となった。

この知事選ではオール沖縄の支持を得た玉城デニーが当選する（野添 二〇二二）。玉城は福祉関係の仕事やライブ等のタレント活動を経て二〇〇二年九月の沖縄市議選に立候補、当選して以来政治家としての道を歩み始めた。二〇〇九年八月以降は国政の場に活躍の幅を広げ、衆院選で二回にわたり当選を重ねていた。玉城県政下で二〇一九年二月に行われた、辺野古移設に伴う埋め立ての是非をめぐる県民投票は、大学院生の元山仁士郎を中心とする市民グループが推進し、その結果は埋め立て反対が投票総数の七一・七四%となった。しかし日本政府は県民投票の結果を無視し、辺野古移設を唯一の解決策として工事を進めたのである。

二〇二一年五月、玉城知事は日米両政府に対し米軍基地の整理縮小をめざす要請を行った。その際、全国の在日米軍基地の約七〇%が沖縄に集中する事態を改善し、これを五〇%以下とすることを掲げた。沖縄県として受け入れ可能なぎりぎりの限界を示した点で注目された。二〇二二年九月の知事選で再選された玉城は、北東アジアの安全保障環境が厳しさを増し、日本の防衛能力にも増強弾圧が高まるなかで正念場に立っている。日本政府の対応が硬直化し、世論の沖縄基地問題への関心が高まらない現状のもと、オール沖縄陣営の結束が揺らぎつつあるなかで、どのような政治手腕を発揮するか、が問われているのである。

冷戦終焉という時代が終わりつつある今日、日本外交における地域概念はアジア太平洋を基盤としつつインド太平洋に拡大、深化してきた。日米豪の多国間枠組みが安全保障協力の中で定着しつつある。その中核となるのは日米同盟であり、同盟はさらなる重みを増している。しかし日米同盟を根底で支えてきた沖縄米軍基地の存在は依然として、そのアキレス腱として残り続けている。それは全国の米軍基地の約七割が沖縄に集中するという基地負担の偏在性に解消の見通しがないことによる。さらに台湾危機を見すえての米軍戦闘機配備、与那国島への自衛隊ミサイル部隊配備等が進んでいる。県民の不満が強まるなかで沖縄基地の存在は同盟の根幹を揺るがしかねない、という現実があり、ここから眼を背けることはできない。この点に関する限り冷戦終焉後の同盟は決して盤石ではないのである。

〈引用文献〉

新井京（二〇二三）『沖縄の引き延ばされた占領――「あめりか世（ゆー）」の法的基盤』有斐閣
五百旗頭真・宮城大蔵編（二〇一三）『橋本龍太郎外交回顧録』岩波書店
五百旗頭真・伊藤元重・薬師寺克行編（二〇〇八）『岡本行夫――現場主義を貫いた外交官』朝日新聞出版
川名晋史（二〇二二）『基地はなぜ沖縄でなければいけないのか』筑摩書房
川名晋史（二〇二四）『在日米軍基地』中央公論新社
河野康子（一九九四）『沖縄返還をめぐる政治と外交』東京大学出版会
小林聡明（二〇一一）「沖縄返還をめぐる韓国外交の展開と北朝鮮の反応」竹内俊隆編著『日米同盟論――歴史・機能・周辺諸国の視点』ミネルヴァ書房
佐藤裁也（二〇二二）『沖縄担当2000日の記録――平成の沖縄復興』信山社
千々和泰明（二〇二二）『戦後日本の安全保障』中央公論新社
東郷文彦（一九八二）『日米外交三十年――安保・沖縄とその後』世界の動き社
中島琢磨（二〇一二）『沖縄返還と日米安保体制』有斐閣
中島敏次郎（井上正也ほか編）（二〇一二）『外交証言録――日米安保・沖縄返還・天安門事件』岩波書店
野添文彬（二〇一六）『沖縄返還後の日米安保』吉川弘文館
野添文彬（二〇二二）『沖縄県知事――その人生と思想』新潮社

波多野澄雄（二〇一〇）『歴史としての日米安保条約――機密外交記録が明かす「密約」の虚実』岩波書店
波多野澄雄（二〇二四）『サンフランシスコ講和と日本外交』吉川弘文館
古川貞二郎（二〇〇五）『霞が関　半生記――5人の総理を支えて』佐賀新聞社
若泉敬（一九九四）『他策ナカリシヲ信ゼムト欲ス』文藝春秋社

〈ブックガイド〉

河野康子（一九九四）『沖縄返還をめぐる政治と外交』東京大学出版会
　沖縄返還について平和条約第三条を起点とし返還交渉までを叙述した政治外交史。

佐藤裁也（二〇二二）『沖縄担当2000日の記録――平成の沖縄復興』信山社
　日本政府の沖縄振興政策についての本格的な著書。今日の沖縄問題に通じる課題を明らかにした。

東郷文彦（一九八二）『日米外交三十年――安保・沖縄とその後』世界の動き社
　日米安保条約改定と沖縄返還交渉に関わった経験をまとめたもの。沖縄返還交渉が安保改定交渉の延長上にあったことがわかる。

中島琢磨（二〇一二）『沖縄返還と日米安保体制』有斐閣
　主に沖縄返還交渉について佐藤内閣期の外務省、首相官邸を中心に検討した。核密約について貴重な指摘がある。

野添文彬（二〇二二）『沖縄県知事――その人生と思想』新潮社
　沖縄県知事の思想と行動を描き沖縄政治史を俯瞰した通史。

波多野澄雄（二〇二四）『サンフランシスコ講和と日本外交』吉川弘文館
　講和条約から現在までの長期的な視野のもと、沖縄については核密約だけでなく軍用地の復元補償費の肩代わりに関する密約等にも検討を加え、「密約」全体の構図を提示した。

【外交史へのみちしるべ】

第7章　戦後日本外交史をより深く学ぶために

佐藤　晋

1　通史・概説書

本章では、より深く学びたい人のために戦後日本外交史に関する基本的な書籍を紹介していきます。まず、日本外交史の流れ・全体像をつかむために概観を知る必要があります。歴史の場合には概説史を読むことから始めることになるでしょう。例えば、池井優『三訂　日本外交史概説』（慶應義塾大学出版会、一九九二年）、細谷千博『日本外交の軌跡』（NHKブックス、一九九三年）、五百旗頭真編『戦後日本外交史第3版補訂版』（有斐閣アルマ、二〇一四年）、井上寿一『日本外交史講義　新版』（岩波テキストブックス、二〇一四年）、添谷芳秀『入門講義　戦後日本外交史』（慶應義塾大学出版会、二〇一九年）、五百旗頭薫・奈良岡聰智『日本政治外交史』（放送大学、二〇一九年）などが役立つと思います。概説書の多くは、著者が、そのすべてを公式な外交資料や政治家の日記などといった一次資料に基づいて記述することはほとんどなく、それまでに発表された多くの先行研究をもとにする形となるため、刊行年が新しいほど最新の研究成果が織り込まれている傾向があります。しかし、過去の著作であれ概説書の中には、著者の世界観や歴史観に基づいて、大きな視点から文字通り歴史を概観した優れた著作もあります。

また、歴史を学びたいと思ったきっかけが、特定の歴史的人物に興味を持ったからということも多くあるでしょう。日本外交史についても首相や外相といった政治家、大使をはじめとする外交官など、外交上で足跡を残した人物を中心に概説した書物が存在します。例えば、渡辺昭夫編『戦後日本の宰相たち』（中公文庫、二〇二四年）、五百旗頭真『占領期——首相たちの新日本』（講談社学術文庫、二〇〇七年）、佐道明広他『人物で読む現代日本外交史』（吉川弘文館、二〇〇八年）や増田弘編著『戦後日本首相の外交思想』（ミネルヴァ書房、二〇一六年）などがあります。こうした概説書で興味を持った人物がいたら、その人物に関する伝記などに進んでいかれるのがよいと思います。

次に、戦後日本の歴史の中で、占領期については、被占領という特殊な状況下で占領軍当局との交渉がその時期の「外交」とされていたため、しっかりとした通史を読むことで正しい理解を得ておくことが必要です。五十嵐武士『戦後日米関係の形成』（講談社学術文庫、一九九五年）、五百旗頭真『日本の近代六 戦争・占領・講和 1941～1955』（中公文庫、二〇一三年）、波多野澄雄『サンフランシスコ講和と日本外交』（吉川弘文館、二〇二四年）などがよいでしょう。また、外交当事者の記録となりますが、西村熊雄『サンフランシスコ平和条約・日米安保条約』（中公文庫、一九九九年）、宮澤喜一『東京—ワシントンの密談』（中公文庫、一九九九年）は、当時の特殊な状況の中での外交のありかたを知る上で役に立つと思います。

2　二国間関係を学ぶには

私は、戦後の日本外交の大きな部分を日米関係が占めていたと言っても過言ではないと思います。言い換えると、日米関係の大きな流れを知ることは、戦後外交史を知るための第一歩であると言えます。そこで、皆さんには日米関係の通史を読むことを推奨します。例えば、細谷千博編著『日米関係通史』（東京大学出版会、一九九五年）、五百旗頭真編著『日米関係史』（有斐閣ブックス、二〇〇八年）などがあります。また、日米関係の中でも中心的な課題は安全保障関係でした。敗戦後の日本が占領を受け、その後独立する際に最大の課題であったのが、いかに日本の安全を守るかということでした。もちろん、戦災からの経済復興も重要でしたが、そのためにも良好な日米関係を築くことは避けて通れない課題でした。そのため講和・独立、日米安全保障条約については、早い時期からアメリカ側の資料を中心に用いた優れた研究が多く発表されています。その中でも、簡潔にかつ読みやすく説明してくれている本をいくつか紹介しておきます。細谷千博『サンフランシスコ講和への道』（中央公論社、一九八四年）、石井修『冷戦と日米関係』（ジャパンタイムズ、一九八九年）、豊下楢彦『安保条約の成立』（岩波新書、一九九六年）、田中明彦『安全保障』（読売新聞社、一九九七年）、坂元一哉『日米同盟の絆』（有斐閣、二〇〇〇年）、波多野澄雄『歴史としての日米安保条約』（岩波書店、二〇一〇年）などをお勧めします。日米安保条約とそれに関連した再軍備論争については、今日さらに今後の日本外交を考える上でも重要な事項となりますので、よく理解しておくことが必要です。特に戦後日本においては、先の大戦の経験もあって安全保障・再軍備問題をめぐる論争は強いイデオロギー傾向を帯びていました。また、現在の安全保障問題を議論する際にもイデオロギーが働くことは避けられません。そのためにも客観的で水準の高い著作によって、これらの問題を理解しておきたいところです。

また、沖縄の本土復帰も、占領が終了し日米関係が友好なものとなった後も、その実現には長い時間を必要とした問題で、見方によっては占領の継続とも言えるものでした。沖縄問題の経緯については、専門的になりますが、河野康子『沖縄返還をめぐる政治と外交』（東京大学出版会、一九九四年）、中島琢磨『沖縄返還と日米安保体制』（有斐閣、二〇一二年）があります。

戦後日本は一九五一年にサンフランシスコ講和条約が調印されたことによって、翌年独立を果たします。これ以降の日本は、日米関係だけではなく、他の主要国との関係を拡大させていきます。まずは隣国の大国である中国との関係が重要でしたが、当時の冷戦状況を反映して大陸に成立していた中華人民共和国（以下、中国）との国交樹立は一九七二年までかかりました。その一方で、台湾にあった中華民国（以下、台湾）とは一九五二年に日華平和条約が調印されました。中国側が、日本などの諸国が台湾と中国を同時に承認するような「二つの中国」政策をとることを絶対に拒否していたこともあり、日中国交正常化は難航を極めました。その間の経緯は多くの書物にまとめられていますが、田中明彦『日中関係』（東京大学出版会、一九九一年）、緒方貞子著／添谷芳秀訳『戦後日中・米中関係』（東京大学出版会、一九九二年）、添谷芳秀『日本外交と中国　1945–1972』（慶應義塾大学出版会、一九九五年）などが参考になります。同じく東側陣営であったソ連との関係も難しいものでした。日ソ国交正常化については、専門的になりますが田中孝彦『日ソ国交回復の史的研究』（有斐閣、一九九三年）が、当事者の回想としては、松本俊一他『増補日ソ国交回復秘録』（朝日新聞出版、二〇一九年）があります。

朝鮮半島との関係改善も困難でした。朝鮮半島は南北に分断されたままで、今日まで北には朝鮮民主主義人民共和国（以下、北朝鮮）が、南には大韓民国（以下、韓国）が存在しています。北朝鮮とは拉致問題等もあり今日でも国交が存在しませんが、同じ西側陣営であった韓国と日本の国交正常化も一九六五年までかかりました。その背景には歴史問題が存在しましたが、日韓交渉の経緯は過去の問題がいかに後世にまで影響を及ぼすのかを知るためにも重要です。李庭植『戦後日韓関係史』（中公叢書、一九八九年）、木村幹『日韓歴史認識問題とは何か』（ミネルヴァ書房、二〇一四年）、李鍾元他『戦後日韓関係史』（有斐閣アルマ、二〇一七年）、木宮正史『日韓関係史』（岩波新書、二〇二一年）などがよいでしょう。

歴史認識問題については、東郷和彦『歴史と外交』（講談社現代新書、二〇〇八年）、波多野澄雄『国家と歴史』（中公新書、二〇一一年）、服部龍二『外交ドキュメント　歴史認識』（岩波新書、二〇一五年）、東郷和彦・波多野澄雄『歴史問題ハンドブック』（岩波現代全書、二〇一五年）、五百旗頭薫他著『戦後日本の歴史認識』（東京大学出版会、二〇一七年）、波多野澄雄『日本の歴史問題　改題新版』（中公新書、二〇二二年）などがあります。これらの本で説明されている歴史認識問題は、国交正常化交渉だけでなくさまざまな外交局面に影響を与えてきました。この点は、近年に至るまでの日中関係・日韓関係を考えると理解できると思います。その一方で、過去に侵略等の経緯がありながらも国際情勢の動向によっては、国交正常化が比較的スムーズに行われることもありました。その点は、波多野澄雄・佐藤晋『現代日本の東南アジア政策』（早稲田大学出版部、二〇〇七年）や宮城大蔵『増補　海洋国家日本の戦後史』（ちくま学芸文庫、二〇一七年）をみてください。このようにすべての二国間関係は、国際環境の影響を受けているということを常に頭に入れておくようにしましょう。これまで挙げてきた書籍は、日韓・日中といった二国間関係に限定されているような書名の本でも、ほとんどが冷戦構造とその変容を前提として描かれていますので、二国間関係が知りたいだけといった場合でも、国際環境・マルチの外交との連動を意識して読み進めていってください。

3　回顧録など

ここでは、実際に外交を担当した政治家や外交官の回顧録を挙げてみたいと思います。回顧録など当事者の著作は、事実関係に誤りがあることも多く、史実のみを知りたいといった読者には回りくどいものかもしれません。しかし、すべての外交的営みは、国際環境などによって自然ともたらされたものではなく、そこに関わった人物の苦労・挫折・努力の上に成り立ったものです。そのため、当事者の声を聞くことは生き生きとした状況を読む人に想起させ、歴史が単なる事実の羅列としてではなく、非常に好奇心をかき立てる出来事として我々の目の前に広がっていくことを可能にします。今日ではオーラルヒストリーと言って、研究者が当事者に聞き取りを行った記録も数多く出版されており、それらをすべて紹介することはできないので、いくつか重要なものを挙げておきます。まず、戦後日本の独立と経済復興に尽力した吉田茂には『回想十年』上・中・下巻（中公文庫、二〇一四年年）があります。これは、反吉田派であった鳩山一郎に権力を奪われた後、自らの政策の正当化、鳩山内閣への批判を意図して吉田派の政治家によって企画されたものですが、吉田本人の積極的な関わりによって成立したものです。ただし、一般的に言って当事者の回顧録は自らの行いの正当化を図る傾向があることは否めませんが、この問題は吉田の著作にだけみられる欠点ではありません。やはり、さまざまな先行研究や別の人物の回顧録等と照らし合わせる必要が出てきます。同じ首相経験者のものとしては、福田赳夫『回顧九十年』（岩波書店、一九九五年）などがあります。外交官の回顧録も多くありますが、東郷文彦『日米外交三十年』（中公文庫、一九八九年）はさまざまな重要案件を扱っています。

一方、先ほど述べたオーラルヒストリーでは、中曽根康弘『中曽根康弘が語る戦後日本外交』（新潮社、二〇一二年）、五百旗頭真・宮城大蔵編『橋本龍太郎外交回顧録』（岩波書店、二〇一三年）などが興味深いです。御厨貴・渡辺昭夫『首相官邸の決断』（中公文庫、二〇〇二年）は対象は官僚で官房副長官を務めた人物ですが、重要な外交問題にも触れています。一般的に言って、対象の時期が新しくなればなるほど、公的な外交資料などの公開が不十分なため、こうした回顧録やオーラルヒストリーに基づいた研究が多くなると言えます。ただし、裏付けとなる一次資料が入手できずに対象者の証言に頼るということは、先ほども述べたようにその信憑性に問題がつきまといます。また、研究者側の質問のしかたによっては証言が誘導されるという側面もあるため、ある証言がどのような文脈で述べられたのか、どういった質問の答えとしてなのかにも注意を払う必要が出てきます。しかし、歴史への関心を高める上でも当事者の証言を読むことは非常に興味深いものなので、皆さんには興味のある政治家の証言、関心のある事件に関するものにどんどん挑戦してもらいたいと思います。

回顧録も含めて挙げるとすれば、カンボジア和平に対する日本外交については、池田維『カンボジア和平への道』（都市出版、一九九六年）、河野雅治『和平工作』（岩波書店、一九九九年）などが、冷戦後の安全保障問題については、守屋武昌『「普天間」交渉秘録』（新潮社、二〇一二年）、同『日本防衛秘録』（新潮社、二〇一三年）、秋山昌廣『元防衛事務次官秋山昌廣回顧録』（吉田書店、二〇一八年）などが興味深いものです。また、さらに現代の外交について政策提言などを試みたいと思うかもしれません。その場合にもさまざまな当事者の証言があるので、それぞれの関心に合わせて読んでもらいたいと思います。例えば、小泉純一郎『決断のとき』（集英社新書、二〇一八年）、岡本行夫『危機の外交　岡本行夫自伝』（新潮社、二〇二二年）、安倍晋三『安倍晋三　回顧録』（中央公論新社、二〇二三年）、高村正彦他著『冷戦後の日本外交』（新潮選書、二〇二四年）などがあります。

4　発展的な学びのために

最後に、本格的な研究書と発展的な学習のあり方について言及したいと思います。先に挙げた書籍には、通史・概説書であっても必ず巻末などに文献リストが付されているはずです。それら概説書を書いた著者が参照した文献はかなり専門的かもしれませんが、それぞれの個別分野の日本外交を知るためには必須のものです。例えば、楠綾子『吉田茂と安全保障政策の形成』（ミネルヴァ書房、二〇〇九年）、井上正也『日中国交正常化の政治史』（名古屋大学出版会、二〇一〇年）、高橋和宏『ドル防衛と日米関係』（千倉書房、二〇一八年）といった研究書です。

それらの研究書には執筆の際に用いた一次資料や先行研究を示す注釈が付記されているはずで、それらをたどることで外交史に関する各種の一次資料を知ることができます。一般的に言って、何らかの歴史的記述の背景にはそれの裏付けとなる資料があり、それらは注あるいは出典という形で参照した資料が紹介されています。研究において、資料の存在とその合理的な解釈に基づいて自説を主張することは、自然科学での客観的な観察、厳密な実験に基づく主張と同様、絶対に必要不可欠なことです。外交史の分野で言えば、さまざまな一次資料が、各種資料集やさまざまな史料館などのサイトで閲覧することが可能なので、本格的な研究を志向する場合は、その叙述が正しいことを確証する作業から始めることをお勧めします。本来、学術的に正当な論述というのは、それが正しいかどうかを確認できる形になっていないといけません。そうした検証可能な形にした論文・研究書のみが学術的に認められうるものと言えます。

それでは、以下に戦後日本外交史の分野で、どのようにしたら一次資料に触れることができるのかについて説明します。詳しくは、アジア歴史資料センター発行のオンライン版『ニューズレター』(第45号)波多野澄雄「外務省提供の戦後外交記録の紹介（一）」(https://www.jacar.go.jp/wp/newsletter/newsletter_045j/)を参照していただきたいと思いますが、以下その記述に沿って紹介していきます。戦後の外交記録は、東京都港区にある外務省外交史料館に行けば閲覧することができます。国際的に外交資料はインテリジェンス関係のような特殊なものを除いて、一般に作成してから三〇年経てば公開されるという傾向があります。日本でも、外務省は他省庁とは異なり、このルールに沿うような形で公開を進めてきました。主要な案件ごとにまとまって公開されているので、興味のある事件を調べたい場合には有用です。しかし、この方法では必ずしも利用者が求める案件が含まれるとは限りません。そこで、情報公開法に基づく情報公開請求によって見たい資料の開示請求を行うという方法が用意されています。ただし、審査のうえで公開されるかどうか決められるので、必ずしも閲覧できるとは限りません。以上の方法で生の資料に触れることは、研究意欲をかき立ててくれますし、誰も明らかにしていない事実に出会うこともあります。

一方、外交史料館は公開済みの資料を『日本外交文書』という書籍として編纂しています。戦前・戦中期の資料の多くはこの形で読むことができますが、戦後の外交記録においてもサンフランシスコ平和条約などの重要な案件が『日本外交文書』として刊行されています。ここに収録されている文書は、専門家が重要度を考えて取捨選択したもので、時系列順など意味のある順序で収録されています。研究に取りかかろうという場合は、まずは『日本外交文書』から手をつけるのがよいでしょう。それは、生の一次資料という魅力にとらわれてさまつな資料に執着することを避けることができますし、誰もが簡単に見られる文書を用いた論文は、他人からの評価を得やすく指導教授や先達などの指導を受ける上で役立ちます。

また、近年では世界各地の外交資料などがネットで公開されていますが、日本の公式文書も、その一部はネットを通じて閲覧することができます。具体的には、アジア歴史資料センター（https://www.jacar.go.jp/）が、外交史料館にある資料のうちの戦後期の外交記録、さらには国立公文書館の行政文書をウェブ上に公開してくれています。このようにネットを通じて一次資料を確認できるということは、外交史研究の水準を引き上げることに寄与しています。理系の分野では、論文を公開する際に、その根拠となる実験のデータや映像をあわせて公開することが常識となっています。これにより、実験手順の明確化とあわせて、他の研究者が同じ実験をして同じ結果が得られるか、言い換えると論文の結果が再現可能かどうかという基準によって、その論文の正当性を判断できます。すなわち、同じように日本外交史の分野では、外交史料館やアジ歴の活動が論文の正当性を担保する知的インフラを形成しているのです。

おわりに

本書は、日本外交を深く知りたいと思う読者のために、「はじめに」で紹介されている主旨で企画されたものである。それぞれの章は、七〇年以上に及ぶ日本外交の争点、成果、課題を浮き彫りにしている。相互の関連に留意しながら、私見を交えつつ各論文の要点をごく簡単にまとめてみよう（順不同）。

安全保障と経済外交

第1章（「日米安保から日米同盟へ」）は、米軍基地の運用、米軍と自衛隊の協力、日米同盟と第三国の協力という三つの側面の相互関係に留意しながら、日米同盟の深化と拡大の様相を丁寧にたどっている。アメリカの覇権のもとで、アジア太平洋地域に価値を共有する国々と築かれた多層的な同盟網は、傘下の国々と地域に利益と安全を提供してきた。日米同盟の場合は、二〇一五年の「日米防衛協力のための指針」の改訂によってより実効的なものとなり、同時に二〇〇〇年代には、共通の脅威に対処するだけでなく、共通の普遍的価値を擁護する役割を帯びるようなる。

さらに第二次安倍政権は「自由で開かれたインド太平洋」戦略という壮大な地域秩序構想を打ち出す。普遍的価値によって結びつき、地域の連帯と協力を推進するという構想は、次第に関係国に定着し、中国を意識しつつも日米同盟を支える意味をもち、それは、パワーを重んずる米中対立に翻弄されるより、国際ルールや国際規範によって制御された秩序が望ましいという、この地域の多くの人々の考え方の反映でもある。最近では、多様な脅威を意識しつつ、アメリカを中心とする同盟網の重層的なネットワーク化が進展している。この柔軟なアプローチは中露との協調関係の構築も視野に入っている。

その一方、同盟がどのように変容しようとも、負担を免れないのが基地をかかえる地域である。なぜ基地が沖縄でなければならないのか、という重い問いは残り続ける。この沖縄基地の問題を、敗戦後の沖縄の地位にさかのぼって検討したのが第6章（「沖縄の本土復帰と基地の重圧」）である。

日本にとって沖縄問題とは、第一義的には戦争によって失われた領土の回復を意味したが、アメリカにとっては、沖縄問題は単に領土問題ではなく、東アジアの安全保障の中心的課題であった。ベトナムへの軍事介入が本格化する中で、アメリカは返還には消極的で、むしろ法的に不安定であった沖縄統治の既成事実化をはかる。返還交渉は六〇年代後半から着手されるが、新安保条約に明記された事前協議制の適用をめぐって、基地の自由使用を求める米側に対して「核抜き本土並み」を求める日本側との交渉は難航をきわめるが、七二年に返還が実現する。

だが、返還実現は沖縄基地の縮小を意味しなかった。むしろ、基地の沖縄集中と固定化が進み、とくに世界で最も危険な基地といわれる普天間基地の代替施設をめぐって迷走が続き、沖縄県と政府の関係もこじれたまま現在に至っている。

次に、ＯＤＡを含む経済外交を扱う第5章（「経済外交の軌跡」）は、まず、日本がその国益増進のため、いかに自由貿易体制に適合するため努力を払ってきたのか、その軌跡をたどる。二〇〇〇年代に入り、日本の経済力が低下し、米中対立を背景に国際経済体制がゆらぐ中で、地道な努力を重ねてきた経済外交は二つの成果に結びつく。一つは、制約要因を巧みに管理しながら高い水準の「環太平洋パートナーシップに関する包括的及び先進的な協定」(CPTPP)を主導したこと、もう一つは、経済外交を日本の国家安全保障戦略の一環として位置づけたことであった。こうしてみると、世界経済における日本のプレゼンスの低下はまぬがれないが、多角的国際経済体制のあるべき姿を想定しながら、世界経済の課題を各国の賛同と共感を得つつ解決策を模索する道は閉ざされてはいない。要は、グローバルな「国際公益」と国益とを重層的に最大化する経済外交が、日本には求められるのである。

アジアと日本

「アジアとの向き合い方」を問いかける第3章(「日本はアジアとどう向き合ってきたか」)は、南アジア、東南アジア、北東アジア(中国、台湾、南北朝鮮)という三つのアジアと日本の関係の起伏に富んだ軌跡をたどったうえで、「アジアのなかの日本」を考える切り口を二つ提唱している。その一つは、第二次安倍政権が中国との間に「戦略的互恵関係」を築いたことであり、さらに「自由で開かれたインド太平洋」戦略の提唱であった。この構想の経済外交における意義は第5章でも特筆されている。

もう一つの切り口は自由と民主主義といった普遍的「価値」を重視する外交である。価値外交は、欧米中心のリベラルな国際秩序観が揺らぐ中で、その意義は大きいが、日本の独自の役割をどこに見出すのか。たとえば、韓国とは価値の共有が可能であり、日韓の歴史問題については、植民地主義の清算というグローバルな課題に取り組むことが日本外交に広がりをもたらす。この点は第4章でも指摘されている。

アジアの国々や地域が大きく変貌しつつあるとき、長年のテーマであり続けている「アジアの中の日本」を考える視座も変化を迫られている。それは、日本がアジアをどう見るかという視座ではなく、アジアに日本はどう映るのか、という双方向的な視座から「自画像」を形づくることと不可分である。この章を通じて、本書全体のトーンを理解する一助としてほしい。

第4章（「歴史問題と領土問題のゆくえ」）は、日韓関係を揺さぶり続ける教科書問題、首相の靖国参拝といった歴史問題と領土問題（竹島）の展開を追う。二〇一〇年代には両問題が一体となって深刻な影響をもたらし、安全保障の分野にまで波及したが、破局に至らなかったのは、双方の外交当局の抑制的な対応にあったことを示唆している。

歴史問題は日中関係にも共通しているが、両国の対応はそれぞれ異なる。同じ靖国問題でも、韓国にとっては植民地（日本統治）時代に、「日本人」として日本軍とともに太平洋戦争をたたかった韓国人が靖国神社に祀られていることは、「軍国主義の復活」批判とは異なる歴史的経験に根差す問題が潜んでいるのである。いずれにしても、日韓関係は歴史や領土の問題をめぐって振り子運動のように前進と後退を繰り返してきた。その克服のためには欧米的リベラリズムの価値を共有する両国が東アジアのグローバルな課題に共同で取り組むのも一つの方法であろう。

第2章（「日中関係をめぐる政治と外交」）は、対中外交をめぐる国内の派閥政治の力学にメスをいれる。とくに八〇年代後半から二〇〇〇年代にかけて猛威を振るった経世会支配は強固な政権基盤を背景に対中関係の安定をもたらしたが、小泉政権下で凋落し、その後の政権は国内政治における対中強硬派の圧力を無視できなくなった。安倍政権も同様であったが、その対中政策が、「戦略的互恵関係」の構築といった成功を収めた背景には、安定した政権基盤のうえに戦略的に振る舞うことが可能だったからである。国内政治の力学に両国関係が大きく左右されるという現象は、第4章で取り上げる日韓関係においても、韓国の躍進が両国を対等な関係に押し上げただけに目立つようになった。

ここで付け加えておけば、本書で取り上げなかった主要なテーマは、対ソ・対露外交と、日本が一貫して重視してきた国連外交であろう。これらを除外したのは紙幅の制限だけが理由ではない。対ソ・対露外交は、北方領土問題が足かせとなって、冷戦後にあっても顕著な進展も変化も見られない。他方、国連における日本の活動は、国連内外で展開する様々な国際機関や、すそ野の広い民間NGOなどの活動支援とともに見のがすことはできないが、その評価は日本外交の成否というより、グローバル・レベルで評価すべきであろう。

「予測不能な危険な道」と日本の選択

明治期以来、一時期を除いて日本外交が基調とする「国際協調主義」は、国際情勢の変化に柔軟に適応していくという行動様式を特徴としてきた。国際的な議題を設定したり、国際秩序やゲームのルールの形成に関与することを避け、その意味では大戦略をもたない。安全保障学の土山實男氏が指摘するように、日本外交は現実の国際関係を所与のものとみなし、外交目標や外交理念に照らし、「何が望ましいか(desirable)」よりも、「何が可能か(feasible)」を軸にデザインされてきた。そのデザインに創意工夫をこらし、ときには戦略性(能動性)を、ときにはプラグマティックな適応性を発揮してきた。

二一世紀に入り、日本外交は、衰えたとはいえ「経済大国」としての自覚や「積極的平和主義」のもと、国際秩序の形成に積極的に関与する「能動的・戦略的外交」へと変化を見せている。その代表例が、本書の多くの章が言及している「自由で開かれたインド太平洋」戦略である。そうしたときにロシアのウクライナ侵攻が起こり、「アメリカ第一主義」を掲げる第二次トランプ政権が誕生した。

ロシアのウクライナ侵攻と、それに対する大国中国の黙認的態度は、安倍談話（戦後七〇周年談話）に反映されているような、私たちが普遍と信ずるリベラルな国際秩序や価値観、さらに、第二次大戦後の世界経済の発展を支えてきた多角的貿易体制をも揺るがしている。

「アメリカ第一」の反面は、「世界の安全保障や人類の福利に特別な使命を負うアメリカ」という長年の「例外主義」の否定であり、「単独行動主義」の台頭を意味する。それは覇権国不在の水平的な勢力均衡をもたらすよりも、国際政治学者のイアン・ブレマーが「Gゼロ」と名づけたように、牽引役不在の国際社会の到来を招き、リベラルな国際秩序の後退をもたらすであろう。

米大統領選直後の『ニューヨーク・タイムズ』（二〇二四年一一月七日）は、「米国は予測不能な危険な道を進むことになった」と論じた。牽引者不在の国際社会にあっても、大国の思惑に翻弄されるのではなく、自由・民主主義・法の支配といった日本が普遍と信ずる価値を共有できる国々と信頼関係を築き、国連の活動やWTOのような国際機関を支え続ける努力が必要となる。これが最善の選択であることを本書の多くの章が示唆している。

なお、編者の一人である私（波多野）は、ここ数年間、一部国際交流基金の支援を得て、中国、台湾、韓国の大学で、広く日本研究を専攻する学生・院生に「二〇世紀世界と日本」と題する講義を行ってきた。その際に近現代の日本外交の歩みの中で、どのような側面や問題に関心があるかをアンケート形式でたずねたことがある。それらの回答のなかで、上位にある関心度の高いテーマが本書の章立てに反映されていることを付記しておきたい。日本の学生のみならず、日本研究を志す東アジアの学生にも、本書を手に取ってほしい、というのが編者の願いである。

波多野澄雄

佐藤　晋（さとう すすむ）
二松学舎大学教授。慶應義塾大学大学院法学研究科博士後期課程修了。著書：『戦後日本のアジア外交』（共著、ミネルヴァ書房、2015年、国際開発研究 大来賞）、『戦後日本首相の外交思想——吉田茂から小泉純一郎まで』（共著、ミネルヴァ書房、2016年）ほか。

執筆者紹介

波多野澄雄（はたの すみお）※編者
国立公文書館アジア歴史資料センター長、筑波大学名誉教授。慶應義塾大学大学院法学研究科博士課程修了。著書：『日本の歴史問題　改題新版――「帝国」の清算から靖国、慰安婦問題まで』（中公新書、2022年）、『サンフランシスコ講和と日本外交』（吉川弘文館、2024年）ほか。

宮城大蔵（みやぎ たいぞう）※編者
中央大学法学部教授。一橋大学大学院法学研究科博士後期課程修了。著書：『戦後アジア秩序の模索と日本――「海のアジア」の戦後史　1957–1966』（創文社、2004年、サントリー学芸賞、中曽根康弘賞）、『戦後日本のアジア外交』（編著、ミネルヴァ書房、2015年、国際開発研究 大来賞）ほか。

楠　綾子（くすのき あやこ）
国際日本文化研究センター教授。神戸大学大学院法学研究科博士後期課程修了。著書：『吉田茂と安全保障政策の形成――日米の構想とその相互作用、1943～1952年』（ミネルヴァ書房、2009年）、『現代日本政治史1　占領から独立へ　1945～1952』（吉川弘文館、2013年）ほか。

井上正也（いのうえ まさや）
慶應義塾大学法学部教授。神戸大学大学院法学研究科博士後期課程修了。著書：『日中国交正常化の政治史』（名古屋大学出版会、2010年、サントリー学芸賞、吉田茂賞）、『評伝　福田赳夫』（共著、岩波書店、2021年）ほか。

高橋和宏（たかはし かずひろ）
法政大学法学部教授。筑波大学大学院博士課程国際政治経済学研究科修了。著書：『ドル防衛と日米関係――高度成長期日本の経済外交　1959～1969年』（千倉書房、2018年、アジア・太平洋賞特別賞）、「日米半導体協定をめぐる日米欧関係　一九八五～一九八八」（『法學志林』第122巻第2号、2024年10月）ほか。

河野康子（こうの やすこ）
法政大学名誉教授。東京都立大学大学院社会科学研究科政治学専攻博士課程修了。著書：『沖縄返還をめぐる政治と外交――日米関係史の文脈』（東京大学出版会、1994年、大平正芳記念賞）、『日本の歴史　24巻　戦後と高度成長の終焉』（講談社学術文庫、2010年）ほか。

日本外交をどう考えるか
——日米安保・歴史問題から沖縄まで

2025年4月25日　初版第1刷発行

編著者————波多野澄雄・宮城大蔵
発行者————大野友寛
発行所————慶應義塾大学出版会株式会社
〒108-8346　東京都港区三田2-19-30
TEL〔編集部〕03-3451-0931
〔営業部〕03-3451-3584〈ご注文〉
〔　〃　〕03-3451-6926
FAX〔営業部〕03-3451-3122
振替 00190-8-155497
https://www.keio-up.co.jp/
装　丁————鈴木　衛／装画：小南菓音（工房集）
組　版————株式会社キャップス
印刷・製本——中央精版印刷株式会社
カバー印刷——株式会社太平印刷社

Printed in Japan　ISBN978-4-7664-3026-4